小学6年生

社会にぐーんと強くなる

学習指導要領対応

KUMON

※この本でとりあげている内容には，学校によって学習しないものもふくまれています。
　教科書との対応は，「教科書との内容対照表」を参考にしてください。

【写真・資料提供】（順不同，敬称略）

悠工房／十日町市博物館／佐賀県教育委員会／堺市／朝日新聞社／奈良市役所／東大寺／唐招提寺／正倉院宝物／国立歴史民俗博物館／平等院／国立国会図書館／清浄光寺（遊行寺）／東大寺／公益財団法人美術院／宮内庁三の丸尚蔵館／鹿苑寺／慈照寺／東京国立博物館所蔵, Image:TNM Image Archives／京都国立博物館／長興寺／高台寺／日光東照宮宝物館／関ヶ原町歴史民俗資料館／朝倉市秋月博物館／Photo:Kobe City Museum／DNPartcom／東京大学史料編纂所／山口県立山口博物館／西郷南洲顕彰館／毎日新聞社／茨城県立歴史館／（公財）福澤旧邸保存会／神奈川県立歴史博物館／参議院事務局／横浜開港資料館／新日鐵住金（株）八幡製鐵所／日本近代文学館／学校法人北里研究所／津田塾大学津田梅子資料室／東京大学医科学研究所／東京大空襲・戦災資料センター／提供/広島平和記念資料館 撮影/米軍／dpa/時事通信フォト／アマナイメージズ／PPS通信社／時事通信フォト／PIXTA／青森県教育庁文化財保護課

答え➡ 別冊解答1ページ

1 憲法とわたしたちのくらし①

得点

100点

覚えよう　憲法の三つの原則

日本国憲法

- 日本国憲法は，国の政治や国民生活の基本的なあり方を定めた決まり。
- 1946年（昭和21年）11月3日に公布され，翌年の1947年5月3日から施行された。
  →成立した法律などを発表して，国民に知らせる。　　→法律などの効力を実際に発揮する。
- **日本国憲法**は，日本のあらゆる決まりの中で最上位にあり（最高法規），前文と103条の条文がある。
- 憲法の三つの原則は，**国民主権・基本的人権の尊重・平和主義**である。

日本国憲法の三つの原則

①国民主権	②基本的人権の尊重	③平和主義
日本の政治を，どのように進めていくかを決めるのは国民であるということ。	人間が生まれながらにして持っている，自由で平等に，人間らしく生きる権利を大切にすること。	二度と戦争を行わず，戦力を持たず，世界の平和を求めていくこと。

憲法と国民の祝日

- 憲法の考えに沿った，よりよい社会と豊かな生活を築くための記念日が国民の祝日。
- 憲法が公布された11月3日は文化の日，施行された5月3日は憲法記念日になっている。
- 国民の祝日は，法律で定められている。
  →国会で決められる決まり。

1月1日	元日	5月5日	こどもの日
1月の第2月曜日	成人の日	7月の第3月曜日	海の日
2月11日	建国記念の日	8月11日	山の日
2月23日	天皇誕生日	9月の第3月曜日	敬老の日
3月21日ごろ	春分の日	9月23日ごろ	秋分の日
4月29日	昭和の日	10月の第2月曜日	スポーツの日
5月3日	憲法記念日	11月3日	文化の日
5月4日	みどりの日	11月23日	勤労感謝の日

※2020年にかぎり，海の日（7月23日），スポーツの日（7月24日），山の日（8月10日）となる。

1 次の表は，日本国憲法の三つの原則について説明したものです。この表を見て，①〜④にあてはまることばを，　　から選んで書きましょう。 （1つ6点）

日本国憲法の三つの原則

①（　　　　　）	②（　　　　　）	③（　　　　　）
日本の政治を，どのように進めていくかを決めるのは国民であるということ。	人間が生まれながらにして持っている，自由で平等に，人間らしく生きる権利を大切にすること。	二度と④（　　　　　）を行わず，戦力を持たず，世界の平和を求めていくこと。

戦争　　基本的人権の尊重　　平和主義　　国民主権

② 右の表は，国民の祝日をあらわしています。この表を見て，あとの問題に答えましょう。

((1)は1つ5点，ほかは1つ6点)

(1) 表の(①)，(②)にあてはまる国民の祝日を書きましょう。

① (　　　　　　　　) ② (　　　　　　　　)

(2) (①)は，日本の国のきまりの中で最高のものが施行されたことを祝ってもうけられました。このきまりを何というか，漢字5文字で書きましょう。

(　　　　　　　　)

(3) (2)には，三つの基本的な原則があります。国民主権，基本的人権の尊重と，あと1つは何ですか。

(　　　　　　　　)

(4) (3)の原則で，争いを解決する手段として二度と行わないとちかっていることは何ですか。

(　　　　　　　　)

1月1日……………元日	
⋮	
4月29日……… 昭和の日	
5月3日……… (①)	
5月4日……… みどりの日	
5月5日……… こどもの日	
⋮	
11月3日……… (②)	
11月23日……勤労感謝の日	

③ 次の文章は，日本国憲法について書かれたものです。この文章を読んで，あとの問題に答えましょう。

(1つ6点)

> 1947年に施行された日本の憲法では，三つの原則が定められています。1つは，日本の政治を進めていく主権は(　※　)が持っているということです。もう1つは，Ⓐ人間が生まれながらに持っている，自由で平等に人間らしく生きる権利を大切にすること，そして，Ⓑ二度と戦争を行わないことです。この憲法は，日本の国のあらゆるきまりの中で最高のものであるとされています。

(1) (※)にあてはまることばを書きましょう。 (　　　　　　　　)

(2) 下線部Ⓐの権利を何といいますか。 (　　　　　　　　)

(3) 下線部Ⓑの争いを解決する手段として戦争をしないという原則を何といいますか。

(　　　　　　　　)

(4) この憲法が施行された日は何月何日ですか。また，その日は，現在何という名前の国民の祝日になっていますか。それぞれ書きましょう。

日にち(　　月　　日)祝日(　　　　　　　　)

(5) 次の①～③の文は，国民の祝日について書かれています。正しいものには○を，まちがっているものには×を書きましょう。

① (　　　) 天皇が定めたもので，法律で決められているものではない。

② (　　　) 憲法が公布された10月3日は文化の日となっている。

③ (　　　) 憲法の考えに沿った，豊かな生活をつくり上げるために定められた。

2 憲法とわたしたちのくらし②

得点

100点

覚えよう　国民主権

国民主権

日本の政治の進め方を最終的に決定するのは国民であるということを国民主権という。

- 参政権…国民が政治に参加する権利。代表者を選んだり，自ら代表者に立候補できる。
  - →選挙権や被選挙権。
- 最高裁判所の裁判官を審査する権利（国民審査）。
  - →裁判官がふさわしいかどうかを判断する。
- 憲法を改正するときに国民投票を行う権利。
  - →国民が投票して決定する。

天皇の地位と仕事

- 日本の国や国民のまとまりの象徴（しるし）。政治についての権限は持たない。
- 天皇は内閣の助言と承認にもとづいて，憲法で定められている仕事（国事行為）を行う。

※選挙・裁判・内閣・国会などのくわしい説明はあとのページにあります。

国民主権のおもな例

国会	←	議員を選挙		条例改正などの請求首長・議員の選挙	→	地方自治
			国民			
憲法の改正	←	国民投票		裁判官の国民審査	→	最高裁判所

天皇のおもな仕事

- 憲法改正，法律，条約などの公布。
- 国会の召集や衆議院の解散。
- 総選挙を行うことを国民に知らせる。
- 内閣総理大臣や最高裁判所長官の任命。
- 外国との文書を公に認める。
- 外国の大使などをもてなす。
- 栄典（勲章）などを授与する。

1　次の問題の答えを，　　　から選んで書きましょう。

（1つ5点）

(1) 選挙権や被選挙権など，国民が政治に参加する権利を何といいますか。

（　　　　　　　）

(2) 国民は，何という裁判所の裁判官を審査する権利を持っていますか。

（　　　　　　　）

(3) 憲法の改正で，国民の承認を得るために行う投票を何といいますか。

（　　　　　　　）

(4) (1)～(3)のような権利は，日本国憲法の三原則のうち，どの原則にもとづいていますか。

（　　　　　　　）

(5) 天皇が国や国民が1つにまとまったすがたになっていることをあらわす立場にあることを，日本国憲法では何ということばで表現していますか。（　　　　　　　）

(6) 日本国憲法で定められている天皇の仕事を何といいますか。（　　　　　　　）

最高裁判所　　国民主権　　参政権　　国事行為　　象徴　　国民投票

2 右の図は，国民主権のおもな例を示しています。この図を見て，あとの問題に答えましょう。

(1つ8点)

(1) 国民が政治に参加する権利を何といいますか。　　　（　　　　　　）

(2) (1)の権利の1つで，図の⒜や⒝のように選挙で国民の代表者を選ぶ権利を何といいますか。　（　　　　　　）

(3) （①）にあてはまることばを書きましょう。　　　（　　　　　　）

```
              ⒜   ⒝
  ┌──────┐ ←──┬──┬──→ ┌──────┐
  │ 国会 │      │  │      │ 地方自治 │
  └──────┘      │  │      └──────┘
              ┌──────┐
              │ 国民 │
              └──────┘
  ┌────────┐ ←──┴──┴──→ ┌──────┐
  │（①）の改正│              │ （②） │
  └────────┘              └──────┘
    国民投票      裁判官の
                 国民審査
```

(4) 国民は(②)の裁判官が適しているかどうかを審査する権利を持っています。(②)にあてはまることばを書きましょう。　（　　　　　　　）

(5) 内閣の助言と承認にもとづいて国会を召集するのは，だれですか。　（　　　　　　　）

3 次の文章を読んで，あとの問題に答えましょう。

(1つ5点)

> 「天皇は日本国の（　①　）であり，日本国民統合の（　①　）であって，この地位は，主権の存する日本国民の総意にもとづく。」（日本国憲法第1条）
> この条文にあるように，今の天皇の地位は国や国民のまとまりのしるしです。⒜憲法で定められた仕事は行いますが，政治に関する権限は持っていません。日本の政治の主役は，わたしたち国民一人ひとりで，これを⒝国民主権といいます。

(1) 文中の（①）にあてはまることばを書きましょう。　（　　　　　　　）

(2) 下線部⒜のような天皇の仕事を何といいますか。　（　　　　　　　）

(3) (2)の仕事にあてはまるものを，　　から1つ選んで書きましょう。
　　　　　　　　　　　　　　　　　　　　　　　　　　　（　　　　　　　）

　　法律の制定　　国会の召集　　議員の任命

(4) 下線部⒝の考えにもとづき国民に認められている参政権とはどのような権利ですか。次の文の（　）にあてはまることばを書きましょう。

　　〔選挙などを通して，国民が（　　　　　　　）に参加する権利。〕

(5) 下線部⒝の1つとして，国民は，あるきまりの改正を国民投票で決定する権利を持っています。それは，何の改正ですか。　（　　　　　　　の改正）

(6) 国民の選挙によって選ばれるものを，　　から選んで書きましょう。
　　　　　　　　　　　　　　　　　　　　　　　　　　　（　　　　　　　）

　　大臣　　国会議員　　裁判官

3

憲法とわたしたちのくらし③

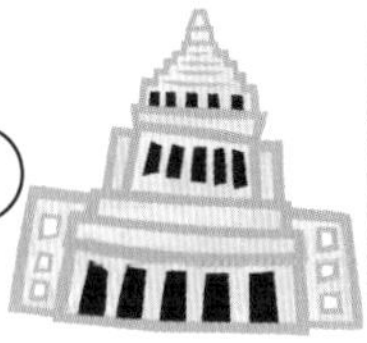

得点

100点

覚えよう　国民の権利と義務

基本的人権

だれもが生まれながらにして持ち，自由で平等に人間らしく生きる権利を**基本的人権**という。

● 日本国憲法では，この人権を永久の権利として国民に保障している。

● 同時に，国民として守らなければならない義務も定めている。

─ 国民の権利 ─			─ 国民の義務 ─
思想や学問の自由	働く人が団結する権利	個人の尊重と男女の平等	子どもに教育を受けさせる義務
教育を受ける権利	政治に参加する権利（**参政権**）	言論や集会の自由	仕事について働く義務
仕事について働く権利	裁判を受ける権利	居住や移転，職業を選ぶ自由	税金を納める義務
健康で文化的な生活を営む権利（**生存権**）			

1 次の問題の答えを，　　　から選んで書きましょう。

（1つ6点）

(1) だれもが生まれたときから持っている，自由で平等に人間らしく生きる権利を何といいますか。　　　　　　　　　（　　　　　　　）

(2) 国民の権利をあらわした下の図中の，①〜④にあてはまることばを書きましょう。

思想や学問の自由	働く人が団結する権利	個人の尊重と男女の④（　　　　）
①（　　　　）を受ける権利	政治に参加する権利… ②（　　　　）	言論や集会の自由
仕事について働く権利	裁判を受ける権利	居住や移転，職業を選ぶ自由
健康で文化的な生活を営む権利… ③（　　　　）		

(3) 子どもに教育を受けさせたり，税金を納めたりすることは，国民の何とされていますか。　　　　　　　　　　　　国民の（　　　　　　　）

教育　　平等　　参政権　　生存権　　義務　　基本的人権

2 次の問題に答えましょう。

（１つ６点）

(1) 次のⒶ～Ⓒのポスターは，どのような国民の権利に反していますか。あてはまるものを，　　　から選んで書きましょう。

Ⓐ

Ⓑ

Ⓒ

（　　　　　　）（　　　　　　）（　　　　　　）

思想や学問の自由　　個人の尊重と男女の平等　　言論や集会の自由

(2) 次の①～③は，国民の義務について示しています。①～③の（　）にあてはまることばを，　　　から１つずつ選んで書きましょう。

①子どもに（　　　　）を受けさせる義務。

②（　　　　）について働く義務。

③（　　　　）を納める義務。

仕事　　税金　　教育

3 次の文章を読んで，あとの問題に答えましょう。

（１つ７点）

人間は，だれもが生まれながらにして自由で平等に，人間らしく生きる権利を持っており，この権利を（　①　）といいます。（　①　）は憲法(けんぽう)によって，永久に守るべきものとされており，さまざまな権利が保障(ほしょう)されています。一方で，憲法には国民が守るべき義務も定められており，（　②　）を納める義務，子どもに教育を受けさせる義務，仕事について働く義務の３つがあります。

(1) 文中の（①）にあてはまることばを書きましょう。（　　　　　　）

(2) 下線部について，次の文の㋐，㋑の（　）に，あてはまることばを書きましょう。

国民の権利のうち，健康で文化的な生活を営む権利を㋐（　　　　　）といいます。また，教育を受ける権利や仕事について働く権利，差別をなくすうえで大切な個人の尊重と男女の㋑（　　　　　）も権利として定められています。

(3) 文中の（②）は，国民のくらしをよりよくするために使われています。あてはまることばを書きましょう。（　　　　）

答え➡別冊解答2ページ

4 憲法とわたしたちのくらし④

得点

100点

覚えよう　平和を守るちかい

平和主義

　二度と戦争を行わず，世界の平和を求めていくことを平和主義という。**日本国憲法の前文と第9条**によって具体化されている。

● 外国との争いを，戦争や武力で解決することを永久に放棄する。

● 陸海空軍などの戦力を持たない。

核兵器と日本

　世界でただ１つの被爆国である日本は，**核兵器**を減らしていくよう世界にうったえかけている。

● 毎年8月に**広島市**や**長崎市**で平和をいのる式典が開かれる。

● 原水爆禁止世界大会が開かれる。

● 国内や海外で，被爆体験を語りつぐ活動が行われる。

● **非核三原則**…日本の国会と政府が，戦争と原子爆弾（原爆）の悲劇をくり返さないために宣言した原則（法律ではない）。
　➡「核兵器をもたない，つくらない，もちこませない」

日本国憲法第9条（要約）

　日本国民は，正義と秩序にたつ国際平和を心から願い，戦争や武力を用いることは，国と国の争いを解決する手段としては，永久にこれを放棄する。

　この目的を達するため，陸海空軍その他の戦力は持たない。国の交戦権は認めない。

▲長崎の平和祈念式典

1　次の問題の答えを，　　から選んで書きましょう。

（1つ8点）

(1)　日本国憲法の三つの原則のうち，二度と戦争を行わず，世界の平和を求めていくという原則を何といいますか。　　　　　　　　　　　（　　　　　　　）

(2)　(1)の精神は，日本国憲法の前文と，第何条によって具体化されていますか。
　　　　　　　　　　　　　　　　　　　　　　　　　　　　　　（　　　　　　　）

(3)　(2)には，日本があるものを持たないことが定められています。それは何ですか。
　　　　　　　　　　　　　　　　　　　　　　　　　　　　　　（　　　　　　　）

(4)　(2)には，あることを，外国との争いを解決する手段としては永久に放棄するということも書かれています。あることとは何ですか。　　（　　　　　　　）

(5)　日本の政府と国会が，戦争と原爆の悲劇をくり返さないため，世界に宣言した，核兵器に関する原則を何といいますか。　　　　　　　（　　　　　　　）

第1条　　第9条　　戦争　　戦力　　平和主義　　非核三原則

2 右の写真は，長崎で毎年行われている，ある式典のようすです。この写真を見て，あとの問題に答えましょう。 （1つ7点）

(1) この式典について，次の文の（　）にあてはまることばを，　　　から選んで書きましょう。

［（　　　　　　　　　　　）のおとずれをいのる式典である。］

男女の平等　　平和な世界　　参政権（けん）

(2) このような式典は，長崎以外のもう1つの都市でも行われています。それはどこですか。
（　　　　　　市）

(3) 原子爆弾（げんしばくだん）が落とされ，日本は世界でただ1つの被爆国（ひばくこく）となりました。このようなことをくり返さないため，日本の国会と政府が宣言している，ある兵器に対する原則を何といいますか。　　（　　　　　　　）

(4) (3)の原則で禁止している原子爆弾などの兵器を何といいますか。
（　　　　　　　）

3 次の文章を読んで，あとの問題に答えましょう。 （1つ8点）

> 　日本国民は，正義と秩序（ちつじょ）にたつ国際平和を心から願って，（　①　）や武力を用いることは，国々の間の争いを解決する手段としては，永久にこれを放棄する。
> 　この目的を達するため，陸海空軍その他の（　②　）は持たない。国の交戦権は認（みと）めない。

(1) 上の文章は，日本国憲法の三つの原則のうち，どの原則と関係がありますか。
（　　　　　　　）

(2) 過去の反省から，日本は（①）を二度と行わず，永久に放棄することをちかっています。文中の（①）にあてはまることばを書きましょう。　（　　　　　　　）

(3) 文中の（②）にあてはまることばを，　　　から選んで書きましょう。
（　　　　　　　）

主権　　権力　　戦力

(4) 日本国憲法にもとづいて，日本は非核三原則を表明しています。この非核三原則について，次の文の（　）にあてはまることばを，　　　から選んで書きましょう。

［核兵器を「（　　　　　　　　　），つくらない，もちこませない」という内容の原則である。］

輸出しない　　もたない　　買わない

5

憲法とわたしたちのくらし⑤

覚えよう　国会のしくみとはたらき

国会

　国会は日本の政治の方針を決め，国の進むべき方向を決定する機関。法律をつくることができる唯一の機関。

国会のしくみ

● 国会は，衆議院と参議院で構成される。(二院制)
● 国会では，選挙で選ばれた**国会議員**が国の方針について話し合い，**多数決**で決める。
● 原則として**衆議院**と**参議院**の両方が賛成したときに，国の方針が決まる。

国会のおもな仕事

● 国の法律を定める。(立法)
● 国の**収支の見積もり**(予算)を決める。
● 国の政府の最高責任者である**内閣総理大臣**(首相)を国会議員から選ぶ。
● **条約を承認**する。
　┗→外国との約束。
● 裁判官を裁判する。(弾劾裁判所の設置)
● 憲法の改正を国民に提案する。

衆議院		参議院
465人	議員定数	248人*
4年	任期	6年
満18才以上	選挙権	満18才以上
満25才以上	被選挙権	満30才以上

▲衆議院と参議院のちがい
＊2019年から2022年の選挙まで245人。

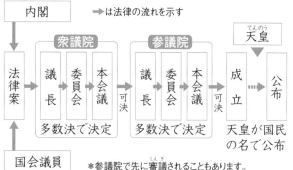

▲法律ができるまで

1　次の問題の答えを，　　　から選んで書きましょう。

（1つ5点）

（1）日本の国会は，二院で構成されています。何と何で構成されていますか。

（　　　　　　　　）（　　　　　　　　）

（2）次の文中の①〜⑤にあてはまることばを書きましょう。

　国会では，①（　　　　　　　　　）で選ばれた②（　　　　　　　　）が国の政治の方針について話し合い，多数決で決めます。

　国会のおもな仕事は，国のきまりである③（　　　　　　　　）や，国の収支の見積もりである④（　　　　　　　　）を決めることです。また，条約を承認したり，国の政治の最高責任者である⑤（　　　　　　　　）を選んだりします。

選挙　　予算　　法律　　衆議院　　参議院　　国会議員　　内閣総理大臣

② 右の図は，国会で法律ができるまでの流れを示したものです。この図を見て，あとの問題に答えましょう。

（1つ6点）

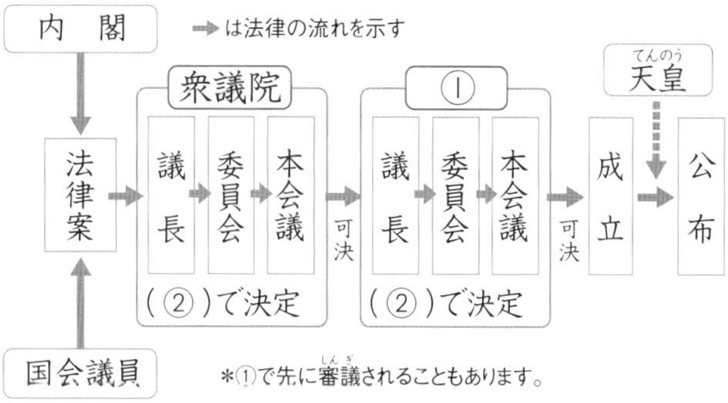

(1) 図の①にあてはまることばを書きましょう。　（　　　　　）

(2) ②は，法律案などを決めるときの決定方法です。あてはまることばを書きましょう。
（　　　　　）

(3) 国会議員を選ぶために行われることとは何ですか。
（　　　　　）

```
内　閣          ➡ は法律の流れを示す

             衆議院        ①        天皇
法
律                                  成  公
案   議 委 本     議 委 本     立  布
     長 員 会     長 員 会
       会 議       会 議
       可             可
       決             決
   （②）で決定     （②）で決定
国会議員      *①で先に審議されることもあります。
```

(4) 法律を定めること以外に，国会にはどんな仕事がありますか。次の文の①，②の（　）にあてはまることばを書きましょう。

　国会の仕事には，国の収支の見積もりである①（　　　　　）の決定，
②（　　　　　）の承認，内閣総理大臣を選ぶことなどがあります。

③ 次の文章を読んで，あとの問題に答えましょう。

（1つ5点）

　日本の政治の方針を決める機関である国会は，参議院と（　①　）の2つによって構成されています。国民の選挙によって選ばれた（　②　）の任期は，参議院が（　③　）年，（　①　）が4年です。国会のおもな役割は，国のきまりである法律を定め，国の収支の見積もりである（　④　）を決めることなどです。さらに，内閣総理大臣も（　②　）の中から選んで決められます。

(1) 文中の①～④にあてはまることばを，　　　から1つずつ選んで書きましょう。
①（　　　　　）②（　　　　　）③（　　　　　）④（　　　　　）

衆議院　　国会議員　　市長　　6　4　1　　法律　　予算

(2) 下線部の内閣総理大臣は国の政治の最高責任者ですが，下線部のよび方以外に，もう1つのよび方があります。何というよび方ですか。　（　　　　　）

(3) 国会での法律の議決は，どんな方法で行われますか。議決のルールを漢字3文字で書きましょう。　（　　　　　）

(4) 次の文は，国会の仕事のひとつです。（　）にあてはまることばを，　　　から選んで書きましょう。

　外国と結んだ（　　　　　）を
承認する。　　　　　　　公約　　条約　　法律

6 憲法とわたしたちのくらし⑥

答え➡別冊解答2ページ

得点

100点

覚えよう　選挙のしくみ

選挙

日本の政治は国民が選挙で選んだ代表者によって進められている。

● **選挙**…国民の意見を政治に反映させて，国民の願いを実現させるためのしくみ。

　➡投票することによって，**政治に参加**することになる。

● **選挙権**…満**18才**以上のすべての国民に**選挙権**が認められている。

　➡国民が**投票**によって代表者を選ぶことができる権利。

● **被選挙権**…一定の年令になると，代表者に立候補することもできる。

　➡立候補者は，当選したときに行うことを**公約**としてかかげ，支持を求める。立候補者の多くは，同じ意見を持った人が集まる政党に所属している。

選挙のしくみ

● **選挙**によって選ばれるのは，**国会議員**と**地方公共団体の首長と議員**。
　　　　　　　　　　　　　　　　　　　　➡知事や市区町村長のこと。

● 最近の**選挙**は，投票率の低下が問題になっている。

　➡投票をしない人が増えると，国民全体の意見が政治に反映されにくくなる。

種類	地方公共団体				国 会		選挙する人	国 民
	市区町村		都道府県		参議院議員	衆議院議員		(地方公共団体)はその住民
	議員	市区町村長	議員	知事				
被選挙権	満25才以上		満30才以上			満25才以上	選挙権	満18才以上

投票 ←　公約 ➡

(2019年現在)

1 次の問題の答えを，　　から選んで書きましょう。

（1つ6点）

(1) 議員や首長などを国民の代表者として選び出すときに行われることは何ですか。

（　　　　　　）

(2) 国民が，(1)で代表者を選ぶことができる権利を何といいますか。

（　　　　　　）

(3) (2)の権利は，満何才以上になると認められますか。

（満　　　　才以上）

(4) (1)に立候補することができる権利を何といいますか。

（　　　　　　）

選挙　　被選挙権　　選挙権　　満18才以上　　満25才以上

2 右の図は，選挙のしくみをあらわしたものです。この図を見て，あとの問題に答えましょう。

(1つ6点)

(1) 選挙で投票できる権利は，選挙権と被選挙権のどちらですか。

（　　　　　　　　）

(2) 図中の(①)〜(④)は，選挙権と被選挙権が認められる年令をあらわしています。(①)〜(④)にあてはまる数字を，　　　から選んで書きましょう。同じ数字を何度使ってもかまいません。

18　　25　　30　　35

① （　　　　） ② （　　　　） ③ （　　　　） ④ （　　　　）

種類	地方公共団体		国　会			選挙する人	国民（地方公共団体はその住民）
	市区町村	都道府県			投票		
	議員	市区町村長	議員	知事	参議院議員	衆議院議員		
被選挙権	満(①)オ以上		満(②)オ以上		満(③)オ以上	Ⓐ 選挙権	満(④)オ以上

(3) 図中のⒶは，選挙に立候補した人が，当選したら何を行うかを約束することを示しています。この約束を何といいますか。

（　　　　　　　　）

3 次の文章を読んで，あとの問題に答えましょう。

((1)は1つ5点，ほかは1つ6点)

> 日本の（　①　）は，国民が選挙で選んだ代表者によって進められています。選挙とは，立候補した人に（　②　）し，代表者を選ぶことによって，政治に参加するためのしくみです。すべての国民は満18才以上になるとⒶ選挙に参加して投票できるようになり，定められた年令に達すれば，Ⓑ選挙に立候補することもできます。

(1) 文章中の(①)，(②)にあてはまることばを，　　　から1つずつ選んで書きましょう。

投票　　公約　　政治　　会社

① （　　　　　　　） ② （　　　　　　　）

(2) 下線部Ⓐ，Ⓑは国民の権利として認められています。それぞれ何という権利ですか。

Ⓐ（　　　　　　　） Ⓑ（　　　　　　　）

(3) 市区町村の議員として立候補できるのは，満何才以上ですか。

（満　　　　　才以上）

(4) 公約とはどのようなものですか。次の文の①，②の（　）にあてはまることばを，　　　から選んで書きましょう。

［ 選挙に①（　　　　　　　）した人が，②（　　　　　　　）したら何を行うか国民に約束すること。 ］

落選　　当選　　投票　　立候補

答え➡別冊解答２ページ

7 憲法とわたしたちのくらし⑦

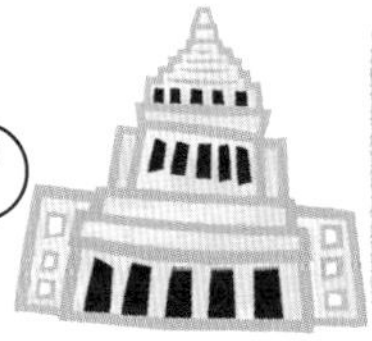

得点　　100点

覚えよう　内閣のしくみとはたらき

内閣

内閣は国会で決められた予算で国民のくらしを支える仕事（行政）を行う機関。（政府ともいう）

内閣のしくみ

- 国の行政機関。内閣のもとには**省**や**府**がおかれ，国の仕事を分担する。
- **内閣**の最高責任者は**内閣総理大臣**。
  ➡国会議員の中から選ばれ，国会によって指名される。
- **内閣総理大臣**は，各省などの長である国務大臣を任命して**内閣**をつくる。

内閣のおもな仕事

国会が決めた**法律**や**予算**にもとづいて，実際に政治を行う。

- **法律案**や**予算案**をつくり，国会に提出する。
- 国会の召集や衆議院の解散を決める。
- 外国と**条約**を結ぶ。外国と交しょうする。
- 天皇の国事行為に対して，助言と承認を行う。
- **最高裁判所**の長官を指名し，そのほかの裁判官を任命する。

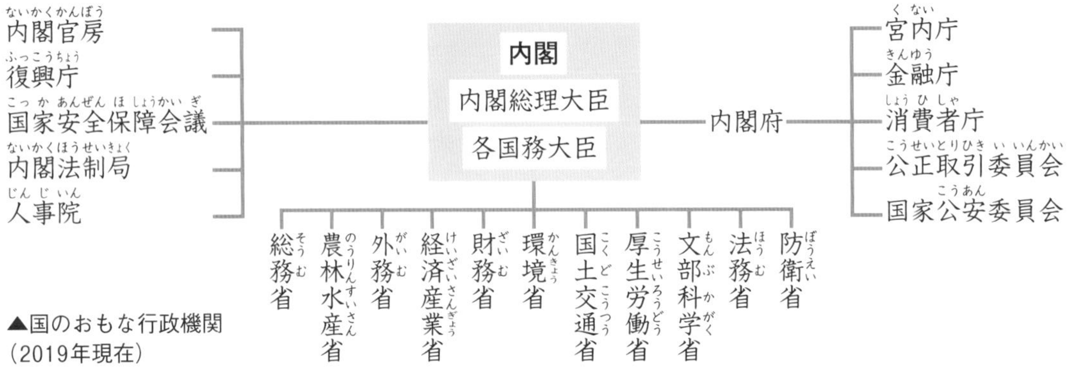

▲国のおもな行政機関
（2019年現在）

1 次の問題の答えを，［　　］から選んで書きましょう。

（１つ６点）

(1) 国会で決められた予算で，国民のくらしを支える仕事をしている機関を何といいますか。（　　　　　　）

(2) (1)の機関がつくり，国会に提出する案を２つ書きましょう。
（　　　　　　）（　　　　　　）

(3) 国会議員の中から選ばれ，国会によって指名される，日本の政治の最高責任者を何といいますか。（　　　　　　）

(4) (3)が任命する，各省などの長を何といいますか。（　　　　　　）

［内閣総理大臣　国務大臣　法律案　予算案　内閣　国会　裁判官］

2 右の図は国のおもな行政機関のしくみをかんたんにまとめたものです。この図を見て，あとの問題に答えましょう。

（1つ5点）

(1) 内閣の最高責任者である(Ⓐ)を何といいますか。　(　　　　　　)

(2) (Ⓐ)を指名する機関は何ですか。　(　　　　　　)

(3) (Ⓐ)に選ばれる資格があるのはどういう人ですか。
(　　　　　　議員)

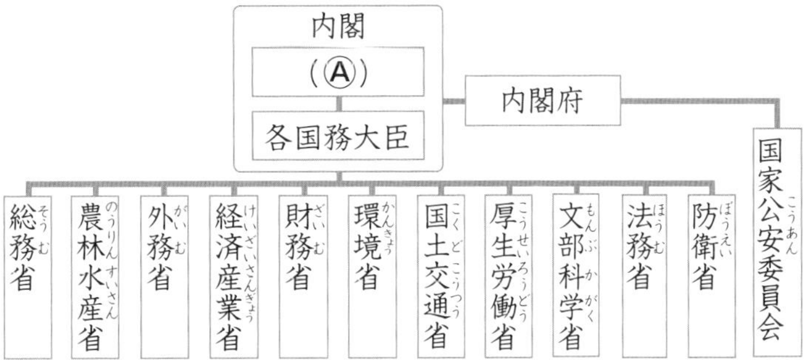

内閣
(Ⓐ)
各国務大臣
内閣府
国家公安委員会
総務省
農林水産省
外務省
経済産業省
財務省
環境省
国土交通省
厚生労働省
文部科学省
法務省
防衛省

(4) 次の文は内閣の仕事についてまとめたものです。①～③の(　)にあてはまることばを，　　　から選んで書きましょう。

内閣では，①(　　　　　　)が決めた予算にもとづいて実際の政治を行うほか，外国と②(　　　　　　)を結んだり，③(　　　　　　)の長官の指名を行ったりしている。

国務大臣　　貿易　　条約　　国会　　最高裁判所　　内閣総理大臣

3 次の文章を読んで，あとの問題に答えましょう。

（1つ5点）

内閣は，人々の生活を支える仕事を行っています。内閣の最高責任者である(　①　)は，外務省や環境省など，各省の長である(　②　)を任命して，内閣をつくります。内閣は，(　③　)案や予算案をつくったり，最高裁判所の長官を指名したりする仕事を行っています。

(1) 次の㋐～㋒の文のうち，下線部の仕事について正しく書かれているものに○を，まちがっているものに×をつけましょう。

㋐(　　　)裁判所が決めた予算にもとづいて，実際の政治を行う。

㋑(　　　)外国と結んだ条約の承認を行う。

㋒(　　　)最高裁判所の長官の指名のほか，裁判官を任命する。

(2) 文章中の(①)～(③)にあてはまることばを書きましょう。

①(　　　　　　)②(　　　　　　)③(　　　　　　)

(3) (①)が選ばれる方法について，次の文の(　)にあてはまることばを書きましょう。

「(　　　　　　)の中から選ばれ，国会で指名される。」

(4) 内閣でつくられた(③)案や予算案はどこに提出されますか。　(　　　　　　)

答え➡別冊解答2ページ

8 憲法とわたしたちのくらし⑧

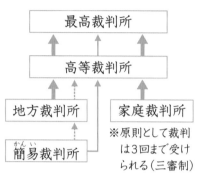

得点

100点

覚えよう　裁判所のはたらきと三権分立

裁判所のはたらき

● 人々の間で争いごとがあったときや，犯罪が起きたときに，憲法や法律にもとづいて問題を解決する機関。

● 国民はだれでも裁判を受ける権利を持っている。

● 裁判の結果に納得できない場合，上級の裁判所に**裁判のやり直し**を求めることができる。➡**三審制**

● また，裁判所は内閣の行う政治や国会で決まった法律が憲法に違反していないかを審査する。

● **裁判員制度**…国民が裁判員として裁判に参加する。

```
        最高裁判所
           ↑
        高等裁判所
      ↑    ↑    ↑
  地方裁判所      家庭裁判所
      ↑         ※原則として裁判
  簡易裁判所        は3回まで受け
                られる（三審制）
```
▲裁判のしくみ

三権分立のしくみ

国の政治は，**国会・内閣・裁判所**の3つの機関が仕事を分担して進めている。このしくみを，**三権分立**という。

● **三権**…法律を定める**立法権**，法律にもとづいて政治を行う**行政権**，法律を守り裁判を行う**司法権**のこと。

　➡それぞれの機関は，**権力が集中しないように**ほかの機関の力をおさえるはたらきをする。

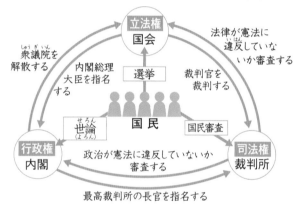

▲三権分立のしくみ

1 次の問題の答えを，　　から選んで書きましょう。同じことばを何度使ってもかまいません。

（1つ6点）

（1）人々の間で争いごとがあったり，犯罪が起きたりしたとき，憲法や法律にもとづいて問題を解決する機関を何といいますか。（　　　　　）

（2）裁判の結果に納得できない場合，上級の裁判所にうったえることができますが，日本では，原則として何回まで裁判を受けられますか。（　　　　　）

（3）国の政治を，3つの機関が分担して行うしくみを何といいますか。
（　　　　　）

（4）国の政治を分担して行っている，3つの機関の名前をすべて書きましょう。
（　　　　）（　　　　）（　　　　）

| 内閣 | 国会 | 裁判所 | 3回 | 4回 | 1回 | 三権分立 | 選挙 |

2 右の図は，裁判のしくみを示したものです。この図を見て，あとの問題に答えましょう。

((1)は1つ5点，ほかは1つ6点)

(1) 図の（Ⓐ），（Ⓑ）にあてはまることばを書きましょう。

Ⓐ（　　　　　　） Ⓑ（　　　　　　）

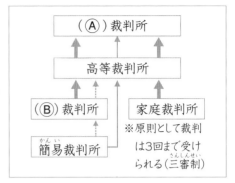

(2) 裁判所は，何にもとづいて裁判を行いますか。　　　から2つ選んで書きましょう。

（　　　　　　）（　　　　　　）

憲法　　国民の願い　　法律　　予算

(3) 次の文は，三権分立について書いたものです。①，②の（ ）にあてはまることばを書きましょう。

┌ 三権分立の三権とは，①（　　　　　　）が持つ立法権，内閣が持つ行政権，
└ 裁判所が持つ②（　　　　　　）権のことである。 ┘

3 次の文章を読んで，あとの問題に答えましょう。

(1つ6点)

裁判所は，争いごとや犯罪が起こったときに，これらを解決するための機関で，国民一人ひとりはだれでも裁判を受ける権利を持っています。さらに裁判の結果に納得ができない場合は，（　※　）に裁判のやり直しをうったえることができます。また，三権分立によって，裁判所は，内閣が行う政治や国会で決まった法律が憲法に違反していないかどうかを審査します。

(1) 日本で一番上級の裁判所は何ですか。　　　から選んで書きましょう。

（　　　　　　　　　　）

高等裁判所　　家庭裁判所　　最高裁判所

(2) 文中の（※）にあてはまることばを，　　　から選んで書きましょう。

（　　　　　　　　　　）

同じ裁判所　　上級の裁判所　　国会と内閣

(3) 下線部について，裁判所以外に国の仕事を分担している機関の名前を2つ書きましょう。

（　　　　　）（　　　　　）

(4) 日本の政治で，下線部が取り入れられている理由について，次の文の（ ）にあてはまることばを，　　　から選んで書きましょう。

┌ 1つの機関に（　　　　　）が集まる
└ ことを防ぐため。 ┘

権力　　人間　　戦力

9

わたしたちの願いと政治①

得点

100点

覚えよう　わたしたちの願いを実現する政治

公共機関では，住民の参加と協力にもとづき，住民の願いを実現するための事業を行っている。

住民の願いとまちづくり

●子育てを支援する事業…(例)子育てを助けてほしいという子どもを持つ親の願いから，児童センターをつくる。

➡安心して子どもを遊ばせられる。相談できるので子育ての不安が少なくなる。

●高齢者を支援する事業…(例)高齢者が住みやすい環境を整えてほしいという願いから，社会福祉センターをつくる。

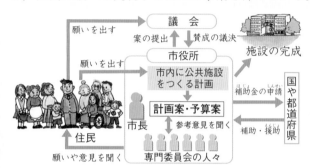

▲公共施設ができるまで
└道路や公園，図書館や老人福祉センター，子育て支援センターなど，国や地方公共団体が税金などを使ってつくる施設のこと。

➡デイサービスを受けられる。健康についてアドバイスを受けられる。

●体の不自由な人を支える事業…(例)足が不自由でも住みやすい環境を整えてほしいという願いから，公共施設をバリアフリーにする。

➡車いすが通りやすい広さの通路や，階段にスロープをつけ，移動がしやすくなる。

このように，みんなが安心して生活できるための事業を福祉事業という。

願いをかなえるために

どのような願いをかなえるかは，役所などで聞かれ，計画案や予算案がつくられる。それらの案が，議会で話し合われる。住民は議会や役所に要望したり，選挙で議員を選ぶことで，願いを伝えていく。

願いをかなえるための費用

福祉事業の費用は，住民から集められた税金が使われる。また，国などから補助金が出ることもある。

1 右の図は，公共施設ができるまでの政治のはたらきのようすをかんたんにあらわしたものです。この図を見て，あとの問題に答えましょう。 （1つ8点）

(1) 図中の(①)，(②)にあてはまることばを，から選んで書きましょう。

①(　　　　　　)

②(　　　　　　)

予算　計画　情報　願い

(2) 市役所でつくられた(②)の案は，(③)で話し合われ，決定されます。(③)の機関を何といいますか。

(　　　　　　)

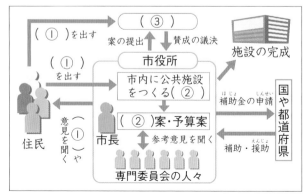

2 次の①〜④の絵は，住みよいまちづくりのために公共機関が行っていることです。
（　　）にあてはまることばを，□□□から選んで書きましょう。　　　　（1つ9点）

①

（　　　　　　　　　）

②

（　　　　　　　　　）

③

（　　　　　　　　　）

④

（　　　　　　　　　）

位置を低くした券売機　　健康診断　　段差のないスロープ　　道路の点字ブロック

3 次の文章を読んで，あとの問題に答えましょう。
（1つ8点）

> わたしたちの住んでいるまちは，Ⓐ地域の人たちの願いと政治が結びついて，だれもが安全で便利にくらすことができる社会をめざしています。そのため，国や都道府県・市町村では道路や学校などのⒷ公共施設をつくったり，Ⓒ高齢者を助けるしくみも整えたりしています。しかし，そこに生活する住民の（　※　）がなければ住みよい社会をつくることはできません。

(1) 下線部Ⓐで，住民の願いの実現を決定するのはどこですか。（　　　　　　　　）

(2) 下線部Ⓑの公共施設で行われているくふうについて，次の①，②にあてはまるものを，□□□から選んで書きましょう。

① 足の不自由な人などが便利なように段差をなくした。（　　　　　　　　）

② 目の不自由な人が便利なようにつくってある。　　　（　　　　　　　　）

点字の案内板　　入口のわきのスロープ　　トイレの手すり

(3) 下線部Ⓒのしくみで，日帰りで高齢者の食事や入浴などの手助けをするサービスを何といいますか。　　　　　　　　　　　　（　　　　　　　　）

(4) 文中の（※）にあてはまることばを，□□□から選んで書きましょう。

（　　　　　　　　）

計画と予算　　補助と援助　　参加と協力　　賛成と議決

10 わたしたちの願いと政治②

得点

100点

覚えよう　災害からの復旧・復興

日本では，地震や津波，台風，火山の噴火などの自然災害が多い。このような災害で被害を受けた人々の生命を守ったり，支援したりするのは政治の大切な仕事の1つ。

災害からの復旧に向けて

- **災害対策本部の設置**…国や都道府県，市町村が住民を守るために取り組む組織。
  - ➡**被害状況の確認**…まず人命救助，けが人の手当てを行う。次に，家屋の倒壊や火災，土砂くずれなど，二次災害の予防を行う。
- **避難所の開設**…学校や公民館などで，住民の安全と生活に必要な救援物資を確保する。
- **救援物資**…生活に必要な物資(水，食料品，仮設トイレなど)を調達する。
- **災害救助法**…災害発生後の，住民の安全と生活の救済などを定めた法律。➡自衛隊に派遣を要請する。

災害時の政治のはたらき

国や県なども必要な物資を被災地に送り，電気や水道，道路などの復旧に向けた指示を関係機関に出す。

- **被災者生活再建支援法**…自然災害で被災した人たちの復興を後おしする目的で制定された法律。
- **復興庁の設置**…東日本大震災からの復興に向け，中心となって活動するためにつくられた政府機関。

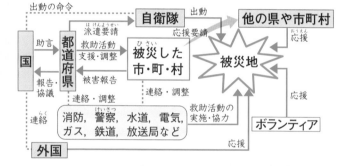

▲災害から住民を守るしくみ

1 次の(1)～(4)は，災害復旧について書かれたものです。(　)にあてはまることばを，　から選んで書きましょう。 (1つ5点)

(1) 災害が発生したあとに，被災地住民の安全と生活を救済するために定められた法律を (　　　　　　　　)という。

(2) 被災地住民のために調達される (　　　　　　　　)は，人々が生活に必要な物資を調達したものである。

(3) 災難をさけるために設けられる (　　　　　　　)は，学校や公民館などの安全な場所に設けられることが多い。

(4) 災害時に，国や県，市町村などが被災地住民を守るために，まず設けられる組織を (　　　　　　　)という。

被災者生活再建支援法　災害対策本部　災害救助法　避難所　救援物資

2 右の図は，災害時に人々を守る政治のはたらきのようすをかんたんにあらわしたものです。この図を見て，あとの問題に答えましょう。 (1つ8点)

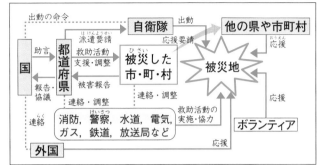

(1) 災害が起こったとき，都道府県の派遣要請を受けて，被災地に出動するのはどこですか。

（　　　　　　）

(2) 災害が起こったとき，国に報告をし，国と協議を行うのはどこですか。 （　　　　　　）

(3) 災害が起こったとき，最初に都道府県に被害報告を行い，救援活動の実施と救援の応援要請を行う公共団体はどこですか。 （　　　　　　）

(4) 災害が起こったとき，人命救助や火災を防ぐ活動を行う機関はどこですか。

（　　　　　　）

(5) 災害が起こったときなどに，自主的に無報酬で活動する人たちを何といいますか。

（　　　　　　）

3 次の文章を読んで，あとの問題に答えましょう。 (1つ8点)

> 　大きな災害が発生すると，国は必要な物資を被災地に送ったり，電気や道路などの確保に向けた指示をⒶ関係機関に出します。また，Ⓑ被災地住民の生活の再建を支援するために，Ⓒ被災地の復旧・復興について協議を行います。災害で被害を受けた人々の生命を守ったり，生活の支援をしたり，国が緊急の（　※　）を立てて災害復旧につとめることも政治の大きな仕事です。

(1) 下線部⒜の関係機関のうち，都道府県の派遣要請で出動し，復旧活動などを行う機関を何といいますか。 （　　　　　　）

(2) 下線部⒝の被災地住民の生活の再建を支援するために，つくられた法律を何といいますか。 （　　　　　　）

(3) 下線部⒞の被災地復旧で，災害発生後の住民の安全と生活の救済などを定めた法律を何といいますか。 （　　　　　　）

(4) 下線部⒞の被災地復旧で，一般の人たちが利益を求めずに，さまざまな応援をすることを何といいますか。 （　　　　　　）

(5) 文中の（※）にあてはまることばを，　　　から選んで書きましょう。

（　　　　　　）

要請　　仮設住宅　　予算　　避難所

答え➡別冊解答3ページ

11 わたしたちの願いと政治③

得点

100点

覚えよう　税金のはたらき

税金

国民が国や地方公共団体に納めるお金を**税金**といい，さまざまな種類がある。

➡税金を納めることは**国民の義務**とされている。

- 税金は国民のくらしをよりよいものにするために使われている。
- 税金を納める国民は願いを議会に出したり，税金の使いみちを決める議員を選挙で選ぶ**権利**がある。
- 公共施設の建設や福祉，教育の分野にも多くの税金が使われている。

税金の集められ方

- ものを買ったとき…**消費税**

- 個人が収入を得たとき…**所得税**

- 会社が収入を得たとき…**法人税**
- 土地や建物を持っている場合…**固定資産税**

- 都道府県や市区町村に住んでいる人…**住民税**

税金を納めるところ

- **国**に納める
  …消費税
  …所得税
  …法人税など

- **地方公共団体**に納める
  …住民税
  …固定資産税など

税金の使われ方

- **公共施設**や**道路**などを整備する

- **安全で健康なくらし**を守る

- **教育**が平等に受けられるようにする
- **高齢者**や**障害のある人**の**生活**を守る

1 次の問題に答えましょう。

（１つ５点）

(1)　国民が国や地方公共団体に納める，さまざまな種類のお金を何といいますか。あてはまるものを，　　　から選んで書きましょう。（　　　　）

補助金　　予算　　税金　　賞金

(2)　次の㋐～㋔の文のうち，(1)について正しく書かれているものには○を，まちがっているものには×を書きましょう。

㋐（　　　）納めたい人だけ納めればよい。

㋑（　　　）国民のよりよいくらしのために使われる。

㋒（　　　）公共施設の建設に使われる。

㋓（　　　）会社につとめていれば，納める必要はない。

㋔（　　　）納めることが国民の義務とされている。

2 　右の絵は，税金の集められ方や使われ方をあらわしたものです。この絵を見て，あと
の問題に答えましょう。
（1つ7点）

税金の集められ方

消費税　　住民税

所得税（しょとく）　　固定資産税（こていしさん）

(1) 次の①〜③のとき，どんな種類の税金を納め
　ますか。右の絵の中からそれぞれ選んで書きま
　しょう。

①　ものを買ったとき。　　（　　　　　　　）

②　収入（しゅうにゅう）を得たとき。　　（　　　　　　　）

③　建物を持っているとき。（　　　　　　　）

(2) 右の(A)，(B)は，税金の使われ方の例です。絵
　を参考に次の文の（　　）にあてはまることばを，
　　　から1つずつ選んで書きましょう。

税金の使われ方

(A)　　(B) 図書館の建設

(A) （　　　　　　　　）で健康なくらしを守る。

(B)　図書館などの（　　　　　　　　）を整備する。

会社　　公共施設　　平等　　安全

3 　右の図は，税金の集められ方や使われ方をあらわしたものです。この図を見て，あと
の問題に答えましょう。
（1つ5点）

(1) 税金を納めることは，国民がしなければならないつとめとされています。これを
　何といいますか。

（国民の　　　　　　　　　　　　　）

税金の集められ方

・(A)ものを買ったとき
・(B)個人が収入を
　得たとき
・会社が収入を
　得たとき
・土地や建物を
　持っている場合

税金を納める

税金の使われ方

・老人ホームなどの
　（①）を整備する
・安全で健康なくらし
　を守る
・（②）が平等に受け
　られるようにする

(2) 国民は，税金をどこに納めます
　か。　　　から2つ選んで書きま
　しょう。

（　　　　　　　）
（　　　　　　　）

国　　会社　　地方公共団体　　国会

(3) 図の(①)，(②)は，税金の使いみちの中でも，多くの割合（わりあい）をしめています。そ
　れぞれにあてはまることばを，　　　から1つずつ選んで書きましょう。

①（　　　　　　　）②（　　　　　　　）

教育　　収入　　公共施設　　個人の家

(4) 下線部(A)，(B)の税金の種類を，　　　から1つずつ選んで書きましょう。

所得税　　住民税　　消費税

(A) （　　　　　　　）(B) （　　　　　　　）

答え➡別冊解答3ページ

12 単元のまとめ

得点

100点

1 次のⒶ～Ⓒは日本国憲法の三つの原則です。この原則を読んで，あとの問題に答えましょう。　　　　　　　　　　　　　　　　　　　　　　　　　　　　　（1つ3点）

Ⓐ　二度と戦争を行わず，世界の平和を求めていくこと。

Ⓑ　日本の政治を，どのように進めていくかを決めるのは国民であるということ。

Ⓒ　人間が生まれながらにして持つ，自由で平等に生きる権利を大切にすること。

(1)　Ⓐ～Ⓒの原則をそれぞれ何といいますか。

　　Ⓐ (　　　　　　　)　Ⓑ (　　　　　　　)　Ⓒ (　　　　　　　)

(2)　Ⓐに関するもので，核兵器に関する「もたない，つくらない，もちこませない」原則を何といいますか。　　　　　　　　　　　　　　　(　　　　　　　)

(3)　Ⓑに関するもので，国民が政治に参加する権利を何といいますか。(　　　　)

(4)　(3)の権利の内容としてあてはまるものをⒶ～Ⓒから1つ選びましょう。(　　　)

　　Ⓐ　外国と条約を結ぶ。　　Ⓘ　県知事を選挙で選ぶ。

　　Ⓗ　最高裁判所の長官を選ぶ。

(5)　Ⓒの原則にもとづき日本国憲法に保障されている，健康で文化的な生活を営む権利を何といいますか。　　　　　　　　　　　　　　(　　　　　　　)

(6)　憲法で定められた国民の義務として正しいものを，　　　から1つ選んで書きましょう。　　　　　　　　　　　　　　　　　　(　　　　　　　)

裁判を受ける義務　　仕事について働く義務　　投票をする義務

2 次のⓐ，ⓘは，国民が住みやすいくらしができるように行われている政治です。文を読んで，あとの問題に答えましょう。　　　　　　　　　　　　（1つ5点）

ⓐ　高齢者や体の不自由な人でも，安全で安心して生活ができるようにしている。

ⓘ　地震や台風など自然災害の多い日本では，災害で被害を受けた人々の生命を守ったり，被災者の生活を支援している。

(1)　ⓐの実現をはかるための事業を，何といいますか。　　　(　　　　　　　)

(2)　ⓐのうち，利用者の障害となるものを取りのぞくくふうをすることを何といいますか。カタカナで書きましょう。　　　　　　　　　(　　　　　　　)

(3)　ⓘの自然災害が起こったとき，被災地の住民の安全と生活の救済などを定めた法律を何といいますか。　　　　　　　　　　　　　(　　　　　　　)

(4)　ⓘの災害のとき，都道府県から派遣要請を受けて被災地に出動して，おもに救援活動を行う機関はどこですか。　　　　　　　　　(　　　　　　　)

3 右の図は，日本の政治を行っている３つの機関の関係を示しています。この図を見て，あとの問題に答えましょう。

（１つ３点）

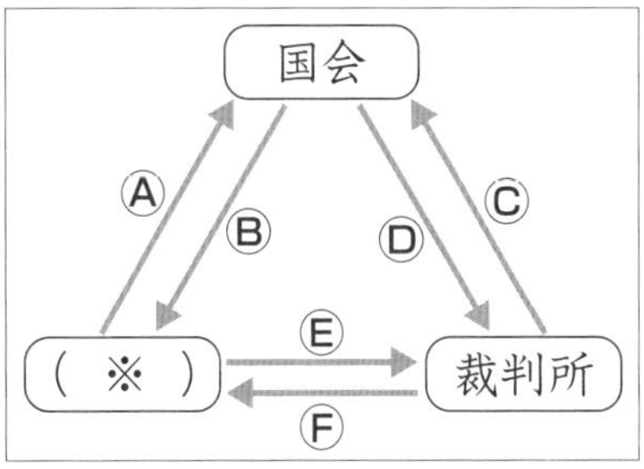

(1) 右の図のような政治のしくみを何といいますか。（　　　　）

(2) 衆議院（しゅうぎいん）とともに，国会を構成している議院は何ですか。（　　　　）

(3) 国会議員はどのような方法で選ばれますか。漢字２字で答えましょう。（　　　　）

(4) 次の文は国会のおもな仕事です。①，②の（　）にあてはまることばを書きましょう。

〔国の①（　　　　）をつくり，予算を決め，外国と結んだ②（　　　　）を承認（しょうにん）する。〕

(5) 図中の（※）にあてはまることばを書きましょう。（　　　　）

(6) （※）の最高責任者を何といいますか。（　　　　）

(7) (6)が任命する各省などの長を何といいますか。（　　　　）

(8) 裁判所の中で最も上級の裁判所の裁判官は，その仕事にふさわしいかどうか国民の審査（しんさ）を受けることになっています。この裁判所は何といいますか。

（　　　　）

(9) 次の①～③は図中Ⓐ～Ⓕのどの矢印にあてはまりますか。それぞれ記号を書きましょう。

① 最高裁判所の長官を指名する。（　　）

② 衆議院を解散する。（　　）

③ 法律（ほうりつ）が憲法に違反（いはん）していないか調べる。（　　）

4 次の絵は税金の種類を示しています。この絵を見て，あとの問題に答えましょう。

（１つ４点）

Ⓐものを買ったとき。

Ⓑ個人が収入（しゅうにゅう）を得たとき。

Ⓒ市区町村に住んでいる人。

(1) Ⓐ～Ⓒにあてはまる税の種類をそれぞれ書きましょう。

Ⓐ（　　　　）Ⓑ（　　　　）Ⓒ（　　　　）

(2) Ⓐ～Ⓒのうち，地方公共団体に納（おさ）める税を１つ選んで，記号を書きましょう。

（　　）

(3) 税金の使われ方として正しいものを，次の㋐～㋒から１つ選んで，記号を書きましょう。（　　）

㋐ 公共施設（しせつ）を建設する費用　㋑ 会社が社員にはらう給料

㋒ 映画（えいが）館やデパートを建設する費用

ひろげよう 社会　何才から大人？

18才成人は，
日本だけ
なのかな？

　2015年，選挙権年令（せんきょけん）が18才に引き下げられたのに続いて，2022年から18才を成年（成人）とすると，法律が改正されました。実は成人の年令は，国や地域（いき）によってさまざまです。

　ほかの国ではどうなのか，いくつか見てみましょう。

国　名	成年年令	選挙権年令	国　名	成年年令	選挙権年令
アメリカ	18（37州） 19（ 2州） 21（ 1州）	18	カナダ	19（4州） 18（6州）	18
イギリス	18	18	シンガポール	21	21
イタリア	18	18	大韓民国（韓国）（だいかんみんこく）	20	19
インドネシア	21	17	タイ	20	18
オーストラリア	18	18	フランス	18	18
チリ	18	18	モンゴル	18	18

成年年令は，国によっていろいろですが，選挙権年令は18才の国が多いようです。（法務省資料）

★成人になるとは

　今は，成人になると自治体が行う成人式があります。昔はどうだったのでしょう。

　成人の儀式（ぎしき）は，奈良時代（ならじだい）からあったといわれています。貴族（きぞく）や武士の間で行われていた元服式（げんぷくしき）とよばれる儀式です。成人としてみとめられたことを示す，冠（かんむり）をかぶることが許されるのです。男子は12才から15才くらい，女子は18才くらいまでに元服式をしたようです。

　戦国時代（せんごく）以降は，元服（いこう）するときに新しい名前をもらうことが多かったようです。明治時代（めいじ）には武士も貴族もいなくなったために，ほとんど行われなくなりました。しかし，この元服式を現在まで伝えている神社や大学があります。

　このように見てくると，現在の成人式

元服前の名前	➡	元服後の名前
●梵天丸（ぼんてんまる）	➡	伊達政宗（だてまさむね）
●吉法師（きっぽうし）	➡	織田信長（おだのぶなが）
●日吉丸（ひよしまる）	➡	豊臣秀吉（とよとみひでよし）
●竹千代（たけちよ）	➡	徳川家康（とくがわいえやす）

28

は成人になったことを祝うものですが，古くからの元服式は，成人を祝うというよりは，成人としての自覚をもつことを重要視(じゅうようし)しています。

　ヨーロッパでは成人になると，家のカギをおくるところが多いようです。これは，家のカギを持つという責任を任せてもらえるということで，とても名誉(めいよ)なことなのです。

★18才成人でできること，できないこと

●できること

① 保護者の同意なしにけい約ができる
  ● 携帯(けいたい)電話
  ● クレジットカードをつくる
  ● 普通免許(ふつうめんきょ)の取得など
② 10年有効のパスポートの取得
③ 結婚(けっこん)：男女とも18才で結婚できます。

●できないこと

① お酒を買う・飲む
② 煙草(たばこ)をすう
③ ギャンブルをする

➡これらはこれまで通り20才以上でなければできません。

成年年令の引き下げは，若者の人数が少なくなっていることと関係があるのかな？

考えてみよう

● 成年（成人）年令が18才に引き下げられることで，若者に期待されていることは何だと思いますか。あなたの考えを書きましょう。

※書き方の例は別冊解答の16ページ

答え➡ 別冊解答3ページ

13 縄文のむらから古墳のくにへ①

得点

100点

覚えよう　縄文時代と弥生時代

時代	縄文時代	弥生時代
年代	約1万2千年前から紀元前4～3世紀。	紀元前4～3世紀から3世紀ごろまで。
食べ物とくらし	● かりや漁をし，クリやクルミなどの木の実を採集していた。 ● 食べ物は平等に分けあっていた。 ● 海や川に近い台地にたて穴住居を建ててくらしていた。 （地面をほり下げてつくった。）	● 水田での米づくりが中心。 ● 米の収かく量のちがいや，土地のよしあしなどから貧富の差が生じた。 ● 米づくりに便利な低地にたて穴住居を建ててくらしていた。
道具	● 縄目の文様がある，厚い縄文土器。 ● 石を打ち欠いてつくった打製石器。 ● 石をみがいてつくった磨製石器。 ● 動物の骨や角でつくった骨角器。 ● 人々が豊かなめぐみなどを願ってつくったと考えられる土偶。	● うすくて，かたい弥生土器。 ● 青銅器（銅たく，銅剣，銅鏡） ● 鉄器 ● 石器
おもな遺跡	● 三内丸山遺跡（青森県）…日本最大の縄文時代の遺跡 ● 大森貝塚（東京都） （食べ残した貝がらなどをすてた場所。）	● 登呂遺跡（静岡県） ● 板付遺跡（福岡県） ● 吉野ヶ里遺跡（佐賀県）

※世紀とは，100年を1まとまりとするよび方。(例) 501年～600年→6世紀

1 次の問題の答えを，　　から選んで書きましょう。

（1つ7点）

(1) 約1万2千年前から紀元前4～3世紀まで続き，かりや漁，採集で食べ物を集めていた時代を何といいますか。　　　　　　　　　　（　　　　　　　）

(2) (1)の時代の遺跡で，当時の人々が食べた貝がらや動物の骨などが発掘された場所を何といいますか。　　　　　　　　　　　　　　　（　　　　　　　）

(3) (1)の時代の遺跡で，日本で最大のものを何といいますか。（　　　　　　　）

(4) 紀元前4～3世紀から3世紀ごろまで続き，水田での米づくりがさかんになった時代を何といいますか。　　　　　　　　　　　　　　（　　　　　　　）

(5) (4)の時代の遺跡で，佐賀県で見つかったものを何といいますか。（　　　　　　　）

(6) (1)と(4)の時代の人々がくらしていた，地面を掘り下げてつくった住居を何といいますか。　　　　　　　　　　　　　　　　　　　（　　　　　　　）

吉野ヶ里遺跡　三内丸山遺跡　貝塚　たて穴住居　弥生時代　縄文時代

2 次の写真は，大昔の人々が使っていた土器です。この写真を見て，あとの問題に答えましょう。

（1つ7点）

Ⓐ 特長…（ ※ ）の文様があり，厚い。

Ⓑ 特長…うすくて，かたい。

(1) Ⓐ，Ⓑの土器は，それぞれ何とよばれているか書きましょう。

Ⓐ（　　　　　　　）Ⓑ（　　　　　　　　）

(2) 上の（※）にあてはまることばを書きましょう。　　　　（　　　　　　）

(3) Ⓐの土器がつくられた時代の遺跡を，　　　から選んで書きましょう。

（　　　　　　　　　）

登呂遺跡　　板付遺跡　　三内丸山遺跡　　吉野ヶ里遺跡

3 次の文章を読んで，あとの問題に答えましょう。

（1つ6点）

Ⓐ	縄文時代の人々は，（ ① ），採集を行い，川や海に近い台地でくらしていました。また，土器や石器，動物の骨からつくった骨角器などを使っていました。
Ⓑ	弥生時代の人々は，水田で（ ② ）を行い，低地でくらしていました。また，土器や石器のほかに，銅たくや銅鏡といった青銅器，鉄器なども使っていました。

(1) 上の表の中の（①），（②）にあてはまることばを，　　　からそれぞれ選んで書きましょう。　　　　①（　　　　）②（　　　　）

かりや漁　　米づくり

(2) 次の①，②は，Ⓐ，Ⓑどちらの時代の土器の特ちょうですか。記号を書きましょう。

① 縄目の文様があり，厚みがある。　　　　　　　（　　　）

② 赤みがかった色で，うすくてかたい。　　　　　（　　　）

(3) 青森県の三内丸山遺跡はⒶ，Ⓑどちらの時代の遺跡ですか。記号を書きましょう。

（　　　）

14 縄文のむらから古墳のくにへ②

答え➡ 別冊解答3ページ

得点

100点

覚えよう　米づくりの始まり

米づくりの始まりと広がり

● 約2500年前，中国や朝鮮半島から移り住んだ人々によって九州北部に米づくりが伝えられていた。

● 米づくりは，**西日本**を中心に広がっていった。

● 米には，たくさん収かくできる，保存できるなどの特長がある。これによって，人々の生活は安定し，社会の様子も変化した。

米づくりと弥生時代の道具

春　田おこし　木製のくわで田の土をほりおこした。

田げたをはいて水田に入り，種もみをまいたり，田植えをしたりした。

秋　米の貯蔵　収かくした稲などは高床倉庫に貯蔵した。柱にはねずみ返しという板をつけ，ねずみの害を防いだ。

稲かり　稲の穂をかり取るのに石包丁を使った。

米づくりのあとが見られる，弥生時代のおもな遺跡

● 板付遺跡 (福岡県)，登呂遺跡 (静岡県)

① 次の問題の答えを，　　　から選んで書きましょう。

（1つ5点）

(1) 約2500年前に中国や朝鮮半島から伝わった新しい農業の技術は何ですか。
（　　　　　　）

(2) (1)が伝えられた地方はどこですか。　　　　　　　（　　　　　　）

(3) 次の①〜③は(1)で使われた道具についての説明です。それぞれの名前を書きましょう。

① 田の土をほりおこすために使われた。　　　　（　　　　　　）

② 稲の穂をかり取るのに使われた。　　　　　　（　　　　　　）

③ 水田に入るときに足にはいた。　　　　　　　（　　　　　　）

(4) 弥生時代の遺跡で米づくりのあとが見られるものを，2つ書きましょう。

（　　　　　　）遺跡　（　　　　　　）遺跡

田げた　　九州の北部　　板付　　石包丁　　木製のくわ　　登呂　　米づくり

2 次の絵は，いずれも米づくりに関係のある道具や建物です。この絵を見て，あとの問題に答えましょう。

((3)は5点，ほかは1つ6点)

Ⓐ 　Ⓑ 　Ⓒ 　Ⓓ

(1) 米づくりのときに，Ⓐ〜Ⓓの道具や建物は何に使われていましたか。次のⓐ〜ⓔから1つずつ選んで，記号を書きましょう。

Ⓐ (　　　)　Ⓑ (　　　)　Ⓒ (　　　)　Ⓓ (　　　)

㋐　米の貯蔵（ちょぞう）　㋑　田おこし　㋒　稲かり　㋓　水田に入るとき

(2) これらの道具や建物のあとが発見された，静岡県の遺跡の名前を書きましょう。

(　　　　　　　)

(3) 米づくりは，どの地域（ちいき）を中心に広がっていきましたか。　　から選んで書きましょう。

(　　　　　　　)

東日本　　西日本

3 右の地図や絵を見て，あとの問題に答えましょう。

(1つ5点)

(1) 右の地図中の矢印は，米づくりが伝わったと考えられる経路です。米づくりのあとが見られるⓐ，ⓘの遺跡の名前を書きましょう。

ⓐ (　　　　　　　)

ⓘ (　　　　　　　)

朝鮮半島

中国

ⓘ（今の静岡県）

ⓐ（今の福岡県）

(2) 米づくりが伝わった経路について，次の文の①，②の（　）にあてはまることばを書きましょう。

米づくりは，約2500年前に①(　　　　　　)や朝鮮半島から②(　　　　　　)の北部に伝わっており，その後，西日本を中心に広がっていった。

(3) 右の絵の中で使われている米づくりの道具を何といいますか。また，それはどのような作業のときに使われますか。　　からそれぞれ選んで書きましょう。

道具 (　　　　　　) 作業 (　　　　　　)

稲かり　　田おこし　　石包丁　　くわ

15

縄文のむらから古墳のくにへ③

得点

100点

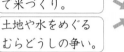

覚えよう　くにの始まりと邪馬台国

むらからくにへ

| むらの人々が共同で米づくり。　土地や水をめぐるむらどうしの争い。 | ➡ | むらの人々をまとめる指導者があらわれた。 | ➡ | 争いに勝った指導者は，ほかのむらも支配する豪族へと成長していった。 | ➡ | さらにまわりの豪族を従えて，むらより大きなくにをつくり，王とよばれる人もあらわれた。 |

弥生時代後期のむら

- 吉野ヶ里遺跡（佐賀県）…1〜3世紀ごろ（弥生時代後期）の遺跡。
  - むらは**ほりやさく**で囲まれ，**物見やぐら**があった。
  - ➡ほかのむらの侵入を防ぐため。
  - 矢じりがささった人骨が出土。➡争いのあと。
  - 銅剣や管玉が出土。➡富を持つようになった指導者がいた。
  - 鉄器・青銅器・麻などが出土➡中国・出雲地方（島根県）・沖縄などさまざまな土地と交易していた。

▲吉野ヶ里遺跡

▲管玉と銅剣

邪馬台国の成立

1世紀ごろになると各地に小さなくにができるようになった。

➡中国の歴史の本では，日本のことを倭としるしていた。

- 邪馬台国…3世紀ごろには，およそ30のくにを従えるようになった。
  - 女王卑弥呼がうらないでくにを治めていた。
  - 中国の魏に使いを送り，倭王の称号と銅鏡などをおくられた。

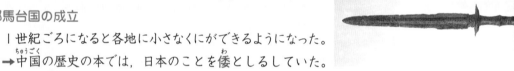

1 次の問題の答えを，　　　から選んで書きましょう。

（1つ6点）

(1) 強い力をもってむらを支配し，ほかのむらも従えるようになった有力者を何とよびますか。　　　　　　　　　　　　　　　　　（　　　　　　　）

(2) むらが集まって，さらに大きくなったものを何とよびますか。（　　　　　　　）

(3) 3世紀ごろに，30あまりのくにを従えていた邪馬台国の女王はだれですか。

（　　　　　　　）

(4) (3)の女王のころの日本を，中国では何とよんでいましたか。（　　　　　　　）

魏　　卑弥呼　　くに　　倭　　豪族

2 右の写真や地図を見て，あとの問題に答えましょう。

（1つ7点）

(1) 右の写真の遺跡の名前を書きましょう。（　　　　　　　）

(2) (1)の遺跡がある場所を，地図中の㋐〜㋓から1つ選んで，記号を書きましょう。（　　　）

(3) 次の①，②は，(1)の遺跡から出土したものです。最も関係のある文を，右の㋐〜㋔から1つずつ選んで，記号を書きましょう。

① 矢じりがささった人骨…（　　　）
② 銅剣・管玉………………（　　　）

> ㋐ ほかのむらからの侵入を防ぐものであった。
> ㋑ むらどうしの争いがあった。
> ㋒ 富を持つようになった指導者がいた。
> ㋓ むらの人々が共同で米づくりを行っていた。

3 次の文章を読んで，あとの問題に答えましょう。

（(4)は6点，ほかは1つ7点）

> 　米づくりが行われるようになると，むらの人々が計画的に農作業をする必要が生じてきました。さらに，土地や水をめぐって，Ⓐむらどうしの争いが起こるようになり，むらにはこれらをとりしきる指導者があらわれました。むらどうしの争いに勝った指導者は，強い力を持ってむらを支配する（　①　）になり，さらにまわりの（　①　）を従えて（　②　）をつくりました。Ⓑ1世紀ごろには，こういった（　②　）が各地にできました。これらは，たがいに争いをくりかえしていました。3世紀ごろには卑弥呼を女王とした（　③　）が，多くの（　②　）を従えるようになりました。

(1) 文中の(①)〜(③)にあてはまることばを書きましょう。

　　　　①（　　　　　　）　②（　　　　　　）　③（　　　　　　）

(2) 下線部Ⓐがあったことを示すものが見つかった，佐賀県の遺跡の名前を書きましょう。（　　　　　　　　）

(3) (2)の遺跡からは，ほかのむらからの侵入を防ぐために，いろいろなものがつくられていたことがわかりました。あてはまるものを，　　　から2つ選んで書きましょう。（　　　　　　）（　　　　　　）

高床倉庫　　物見やぐら　　管玉　　弥生土器　　ほりやさく

(4) 下線部Ⓑのころ，中国では日本のことを何とよんでいましたか。（　　　　　）

16 縄文のむらから古墳のくにへ④

得点

100点

覚えよう　古墳と大和朝廷（大和政権）

古墳

▼大仙古墳

●有力な**豪族**や王の墓を古墳という。3世紀後半ごろに，近畿地方から瀬戸内海沿岸の地域でつくられ始めた。力の強い豪族は大きな古墳をつくった。

●**大和地方**（奈良県）や**河内地方**（大阪府）に巨大古墳が集中。

→強い力を持っていた豪族が，この地域に集中していた。

巨大古墳が集中する地域（大和,河内）

大仙古墳（大阪府）

●大仙（仁徳陵・仁徳天皇陵）古墳…5世紀ごろにできた日本最大の**前方後円墳**。2019年に百舌鳥・古市古墳群として世界遺産に登録された。

大和朝廷（大和政権）の統一

●**大和朝廷（大和政権）**…大和地方の有力な豪族（王）たちが連合してつくった国の政府。

→**大王**（のちの天皇）を中心とした政治が行われていた。

・各地の豪族を従えていき，5〜6世紀ごろには九州から東北地方南部の豪族を従えた。

大陸文化の伝来

●**中国**や**朝鮮半島**から日本に移り住んだ人々（**渡来人**）が，大陸の進んだ文化や技術を日本に伝えた。

→伝わったもの…青銅や鉄の道具，建築や土木工事，養蚕やはた織りなどの技術，漢字，仏教など。

●渡来人は，朝廷で記録をつけたり，外国に手紙を書いたりするなどして，大和朝廷（大和政権）でも重要な役についていた。

---

1 次の問題の答えを，　　から選んで書きましょう。

（1つ6点）

(1) 3世紀後半ごろに，近畿地方から瀬戸内海沿岸の地域でつくられ始めた，有力な豪族の墓のことを何といいますか。　　　　　　　（　　　　　　　　）

(2) (1)の墓の中で，日本で一番大きなものの名前を書きましょう。

（　　　　　　　　）

(3) 大和地方の有力な豪族（王）たちが連合してつくった，大和朝廷（大和政権）の中心人物は，何とよばれていましたか。　　　　（　　　　　　　　）

(4) 大和朝廷（大和政権）が九州から東北地方南部までの豪族を従えて，ほぼ日本を統一したのは何世紀ごろですか。　　　　　　（　　　　）世紀ごろ

古墳　　大仙古墳　　4　　5　　大王　　渡来人

2 右の写真は，大阪府にある大仙古墳です。この写真を見て，あとの問題に答えましょう。

((5)は1つ5点，ほかは1つ6点)

(1) 古墳の説明として正しいものを，　　から選んで書きましょう。

（　　　　　　　）

　豪族の家　　米づくりをするところ　　豪族の墓

(2) 大仙古墳のように，前が四角形で後ろが円形の古墳を何といいますか。　　（　　　　　　　）

(3) 古墳ができたころに，大和地方の有力な豪族たちがつくった国の政府を何といいますか。

（　　　　　　　）

(4) (3)では，渡来人が重く用いられていました。渡来人はおもにどこから移り住んできましたか。　（　　　　　）や（　　　半島）

(5) 渡来人が日本に伝えたものを，　　から2つ選んで書きましょう。

（　　　　　）（　　　　　）

　石器　　漢字　　たて穴住居　　仏教

3 右の地図を見て，あとの問題に答えましょう。

(1つ6点)

(1) 地図中の◼にふくまれる，巨大古墳が集中している地方の名前を，　　から2つ選んで書きましょう。

（　　　　地方）（　　　　地方）

　河内　　出雲　　筑紫　　大和

(2) (1)の地方に古墳が多い理由について，次の文の（　）にあてはまることばを，　　から選んで書きましょう。

[この地方には，強い力を持った（　　　　　）が数多くいたから。]

　貴族　　豪族　　役人

(3) (1)の地方の豪族（王）たちが連合してつくった国の政府を何といいますか。

（　　　　　　　）

(4) 地図中の◼にある，日本最大の前方後円墳を何といいますか。

（　　　　　　　）

(5) (4)のような巨大な古墳をつくるには，大陸のすぐれた土木・建築技術が不可欠でした。その技術を日本に伝えた人々を何といいますか。　（　　　　　　　）

17 大陸から学んだ国づくり①

得点

100点

覚えよう　聖徳太子の改革

聖徳太子の政治

● 聖徳太子…推古天皇のおい。天皇を助けて政治を行う**摂政**になった(593年)。豪族の力をおさえ，天皇中心の国づくりをめざした。

・ 冠位十二階(603年)…役人の位を12に分けて，冠の色で区別した。

➡家がらではなく，能力のある人を役人に取り立て，高い位につけるようにした制度。

・ 十七条の憲法(604年)…今の憲法とは異なり，政治を行う役人の心がまえを示したもの。

・ 遣隋使を送る(607年)…小野妹子らを使者とした遣隋使を中国(隋)に送った。

➡日本と中国(隋)が対等の関係になることをめざした。また，政治のしくみや文化を取り入れようとした。

・ 法隆寺を建てる(607年)…**仏教**を広めるために聖徳太子が建てた。現存する世界最古の木造建築物。

➡争いをきらい，平和を重んじる仏教の教えを政治のよりどころにしようとした。

▲法隆寺(国宝)

十七条の憲法(一部)
第１条　人の和を大切にしなさい。
第２条　仏の教えをあつく敬いなさい。
第３条　天皇の命令には必ず従いなさい。
第12条　地方の役人が勝手にみつぎ物を受け取ってはいけない。

1 次の問題の答えを，　　から選んで書きましょう。

（1つ6点）

(1) 推古天皇のおいで，天皇を中心とした国づくりをめざしていた人物はだれですか。

（　　　　　　）

(2) (1)の人物が603年に定めた，役人の位を12に分け，それを冠の色で区別した制度を何といいますか。

（　　　　　　）

(3) 政治を行う役人の心がまえを示すために，(1)の人物が604年に定めた憲法を何といいますか。

（　　　　　　）

(4) 607年に中国(隋)に送られた使節のことを何といいますか。（　　　　　　）

(5) (1)の人物が仏教を広めるため，607年に建てた寺の名前を書きましょう。

（　　　　　　）

冠位十二階　　十七条の憲法　　法隆寺　　小野妹子　　遣隋使　　聖徳太子

2 右の年表は，聖徳太子の政治についてまとめたものです。この年表を見て，あとの問題に答えましょう。

(1つ6点)

年	聖徳太子の政治
593	推古天皇の（ ① ）になる
603	Ⓐ冠位十二階を定める
604	十七条の憲法を定める
607	Ⓑ遣隋使を（ ② ）に送る
	法隆寺を建てる

(1) （①），（②）にあてはまることばを， からそれぞれ選んで書きましょう。

① （　　　　　） ② （　　　　　）

豪族（ごうぞく）　摂政（せっしょう）　中国　インド

(2) 下線部Ⓐを定めた目的について，次の文の（　）にあてはまることばを， から１つ選んで書きましょう。

〔冠位十二階は，（　　　　　）のあるものを役人に取り立てるために定められた。〕

権力（けんりょく）　能力　体力

(3) 下線部Ⓑを送った目的について，次の文の（　）にあてはまることばを， から選んで書きましょう。

〔隋の（　　　　　　　　　　　）を取り入れるため。〕

政治のしくみや文化　土地やお金　兵隊や武器

(4) 下線部Ⓑで，使者として派遣（はけん）された中心人物はだれですか。（　　　　　　　　　）

3 右の写真を見て，あとの問題に答えましょう。

((1)～(4)は１つ７点，ほかは１つ６点)

(1) 右の写真の寺の名前を書きましょう。

（　　　　　　　）

(2) (1)の寺を建てたのはだれですか。

（　　　　　　　）

(3) (1)の寺は何を広めるために建てられましたか。

（　　　　　の教え）

(4) (1)の寺が建てられた年に，中国（隋）に派遣された使節を何といいますか。

（　　　　　　　）

(5) (2)の人物が604年に定めた憲法を何といいますか。 （　　　　　　　）

(6) (5)の憲法は，何のために定められましたか。次の文の（　）にあてはまることばを， から選んで書きましょう。

〔政治を行う役人の（　　　　　　　　　）を示すため。〕

仏教の教え　位の高さ　心がまえ

18 大陸から学んだ国づくり②

得点

100点

覚えよう　天皇中心の政治

聖徳太子の死後，豪族の蘇我氏の力が強くなり，天皇をしのぐほどになった。

天皇中心の国づくり

● **大化の改新**…645年，**中大兄皇子**（のちの天智天皇）と**中臣鎌足**（のちの藤原鎌足）が蘇我氏をたおして行った改革。再び天皇中心の国づくりを進めた。

　・**公地公民**…豪族の支配していた土地や人々を国のものとした。➡豪族を貴族（位の高い役人）にする。

● **班田収授法**…戸籍をつくり，人々に一定の土地をわりあてて耕作させた。➡税を集めやすい

● **租・調・庸**…新しい税の制度を定めた。➡重い税

新しい法律（律令）と神話

● **大宝律令**…701年，中国（唐）の律令をもとに定められた法律。

　➡法律にもとづいた**天皇を中心とする**政治のしくみが整った。

● 『**古事記**』『**日本書紀**』…天皇を中心とした政治のしくみが整うと，国の成り立ちを内外に示すものとして，神話を完成させる。

新しい都

● 藤原京…694年につくられた日本で最初の本格的な都。

● **平城京**…710年，奈良につくられた新しい都。唐の都（長安）を手本にしてつくられた。以後の約80年間を奈良時代という。

税の種類	内容
租	稲の収穫高の約3％を納める。
調	織物や地方の特産物を納める。
庸	年に10日，都で働くか，布を納める。

▲碁盤の目のように区切られた平城京（復元模型）

1 次の問題の答えを，　　　から選んで書きましょう。

（1つ5点）

(1) 645年に蘇我氏がたおされたあとに行われた，政治の改革を何といいますか。

（　　　　　　　　　）

(2) (1)の改革の中心となった2人の人物の名前を書きましょう。

（　　　　　　　）（　　　　　　　）

(3) (1)の改革によって，すべての土地や人々は国のものとされました。これを何といいますか。

（　　　　　　　　　）

(4) 710年に奈良につくられた新しい都の名前を書きましょう。（　　　　　　　）

(5) (4)の都がつくられたあとの約80年間を何時代といいますか。（　　　　　　　）

聖徳太子　　中大兄皇子　　中臣鎌足　　平城京　　公地公民　　奈良時代　　大化の改新

2 右の表は，天皇中心の国づくりが進む中での新しい税の内容です。この表を見て，あとの問題に答えましょう。

((2)は1つ5点，ほかは1つ6点)

(1) 右の表の(Ⓐ)〜(Ⓒ)にあてはまることばや数字を，□□□から選んで書きましょう。

Ⓐ (　　　　　) Ⓑ (　　　　　)

Ⓒ (　　　　　)

3％　　5％　　土地　　特産物　　地方　　都

種類	内容
租（そ）	稲（いね）の収穫高（しゅうかくだか）の約(Ⓐ)を納める。
調（ちょう）	織物や地方の(Ⓑ)を納める。
庸（よう）	年に10日，(Ⓒ)で働くか，布を納める。

(2) この新しい税のしくみを行うために次の2つのことが行われました。次の文の①，②の( )にあてはまることばを，□□□から選んで書きましょう。

公地公民…豪族（ごうぞく）の支配する土地や人々を①(　　　　　　)のものとした。
班田収授法（はんでんしゅうじゅのほう）…②(　　　　　　)をつくり，人々に一定の土地をわりあてて耕作させた。

農民　　国　　戸籍（こせき）　　水田

3 次の文章を読んで，あとの問題に答えましょう。

(1つ6点)

　聖徳太子が亡（な）くなると豪族の(①)の力が強まり，天皇（てんのう）をしのぐほどの勢いを持つようになりました。この動きに不満を持った，のちの天智天皇（てんじ）である(②)と，中臣鎌足は，(①)をたおし，再び天皇を中心としたⒶ新しい国づくりのための改革を始めました。この改革によって，それまで豪族が私有していた土地や人々は国のものとされました。天皇中心の国づくりが進むと，人々はⒷ新しい方法で税を納めるようになりました。701年にⒸ新しい法律（ほうりつ）が完成し，710年にはⒹ新しい都がつくられました。

(1) 文中の(①)，(②)にあてはまることばや人の名前を書きましょう。

①(　　　　氏) ②(　　　　　　)

(2) 下線部Ⓐの改革が始められたのは西暦（せいれき）何年ですか。また，この改革を何といいますか。　　　年(　　　年) よび名(　　　　　)

(3) 下線部Ⓑの税の中で，稲の収穫高の約3％を納める税を何といいますか。

(　　　　　　　　)

(4) 下線部Ⓒの法律とは，ある国の法律を手本としてつくられました。この国の名前を書きましょう。　　　　　　　　(　　　　　　)

(5) 下線部Ⓓの都の名前を書きましょう。　　　(　　　　　　)

19 大陸から学んだ国づくり③

得点

100点

覚えよう　聖武天皇と大仏

聖武天皇の政治

●聖武天皇…奈良時代の天皇。仏教をあつく信じ，各地に国分寺・国分尼寺を建てさせた。また，その中心として，奈良に東大寺を建て，大仏をつくった。

→ききんや災害，戦乱などが起こり，世の中が乱れたため，**仏教**の力をかりて人々の不安をしずめ，国を治めようとした。

年	聖武天皇に関するおもなできごと
724	天皇の位につく
737	都で伝染病が流行する
740	貴族の反乱が起こる
741	全国に国分寺と国分尼寺を建てる命令を出す
743	大仏をつくる命令を出す（僧の行基が協力する）
749	天皇の位を退く
752	東大寺で大仏の完成を祝う開眼式が行われる

奈良時代の人々のくらし

●租・調・庸などの重い税に苦しんでいた。
●大仏や国分寺の建設，都や九州の警備（防人）にもかり出された。
→田畑を捨ててにげ出す農民が増え，土地があれはてた。

◀東大寺の大仏（国宝）
高さ約15m。全国から多くの人々や物資が集められて，つくられた。

▲東大寺の大仏殿（国宝）
東大寺は，全国の国分寺の中心になる寺で，大仏殿には大仏がおさめられている。

1 次の問題の答えを，　　から選んで書きましょう。

（1つ6点）

(1) 724年に天皇の位につき，仏教をあつく信じていた人物はだれですか。

（　　　　　　　）

(2) (1)の人物が仏教の教えを広めるために国ごとに建てさせた寺を何といいますか。2つ書きましょう。（　　　　　　　）（　　　　　　　）

(3) 752年に完成した大仏がある寺の名前は何ですか。（　　　　　　　）

(4) (1)の人物に協力して，人々に大仏づくりをよびかけた僧はだれですか。

（　　　　　　　）

聖武天皇　行基　東大寺　国分寺　国分尼寺

2 右の年表は，聖武天皇に関するおもなできごとをまとめたものです。この年表を見て，あとの問題に答えましょう。

(1つ8点)

(1) 年表中の（Ⓐ）にあてはまることばを書きましょう。

（　　　　　）

(2) 聖武天皇が下線部の命令を出した理由について，次の文の（　）にあてはまることばを，　　から選んで書きましょう。

年	聖武天皇に関するおもなできごと
724	天皇の位につく
741	全国に国分寺と国分尼寺を建てる命令を出す
743	（　Ⓐ　）をつくる命令を出す
752	（　Ⓐ　）開眼式（かいげんしき）が行われる

［　世の中が乱（みだ）れたため，（　　　　　）の力で人々の不安をしずめ，国をまとめようとしたから。　］

天皇　　仏教　　貴族（きぞく）

3 次の資料を読んで，あとの問題に答えましょう。

(1つ9点)

　わたしの願いは，仏（ほとけ）の力で国じゅうが幸せになることである。そこで，国じゅうの銅を使って大仏をつくり，大きな山をくずして大仏殿（でん）を建てて，仏の教えを広めようと思う。世の中の富と力を持っているわたしにとって，大仏をつくることはかんたんだ。しかし，それでは心がこもらない。したがって，大仏づくりに参加する者は心をこめて協力してほしい。

(1) 上の資料は，ある人物が各地の役人に命令して全国に伝えた決意です。この人物の名前を書きましょう。　　　　　　（　　　　　　　　）

(2) (1)の人物が大仏をおさめるために，奈良に建てさせた寺の名前を書きましょう。

（　　　　　　　　）

(3) (2)の寺は，国ごとに建てられた寺の中心でもありました。これらの寺の名前を2つ書きましょう。　　（　　　　　　　）（　　　　　　　）

(4) 下線部の大仏づくりを，(1)の人物に協力して人々にはたらきかけた僧（そう）はだれですか。

（　　　　　　　　）

(5) この時代の人々のようすについて，次の文の（　）にあてはまることばを，　　から選んで書きましょう。

［（　　　　　　　　）に苦しみ，田畑を捨（す）ててにげ出す者もあらわれた。］

重い税　　仏教の教え　　遣隋使（けんずいし）

20 大陸から学んだ国づくり④

得点

100点

覚えよう　大陸との交流

遣唐使
● 中国（唐）の政治のしくみや進んだ文化を取り入れるために派遣された使節を遣唐使という。危険な航海にもかかわらず，7世紀前半から9世紀末まで十数回続けられた。

仏教の発展
● 鑑真…8世紀半ば，正式な仏教を広めるために聖武天皇が招いた中国の僧。来日の航海に何度も失敗し，苦労のため目が見えなくなる。

▲鑑真像（国宝）

➡ 奈良に唐招提寺を開き，仏教の発展につくした。薬草（漢方薬）の知識を広める。

➡ 唐招提寺は，世界文化遺産。

東大寺の正倉院
● 正倉院…聖武天皇の遺品や大仏開眼会のときに使われた品物がおさめられている。遣唐使が持ち帰った品も多く，中にはインドや西アジアから伝わったものもある。

➡ アジア各地の文化が伝わっていたことがわかる。

▲びわ

▲瑠璃坏（ガラスの器）　▲水さし

奈良時代の文化
中国や朝鮮半島の国々からすぐれた学者や技術者が来日して中国風文化が栄える。
● 「万葉集」…8世紀の後半につくられた，日本最古の歌集。年号の「令和」は，この歌集の一首をもとにされたといわれている。

---

1 次の問題の答えを，　　　から選んで書きましょう。

（1つ5点）

(1) 中国（唐）の進んだ政治のしくみや文化を取り入れるために派遣された使節のことを何といいますか。（　　　　　　　）

(2) 8世紀半ばに，正式な仏教を広めるため，聖武天皇が招いた中国の僧はだれですか。（　　　　　　　）

(3) (2)の人物が奈良に開いた寺の名前を書きましょう。（　　　　　　　）

(4) 聖武天皇の遺品や，大仏開眼のときに使われた品物がおさめられている建物は何といいますか。また，この建物がある寺の名前を書きましょう。

建物（　　　　　　　）寺（　　　　　　　）

(5) 奈良時代には，大陸との交流によってどのような文化がさかんになりましたか。（　　　　　　　の文化）

中国風　　日本風　　遣隋使　　遣唐使　　正倉院　　鑑真　　東大寺　　唐招提寺

2 右の写真は，正倉院におさめられている宝物です。この写真を見て，あとの問題に答えましょう。

(1つ6点)

(1) 右の写真のような正倉院の宝物の中には，ある人物の遺品も多くあります。この人物の名前を，　　　　から選んで書きましょう。

（　　　　　　　　）

鑑真　　聖武天皇　　聖徳太子

(2) 正倉院は何という寺にありますか。

（　　　　　　　　）

(3) これらの宝物の多くを，中国（唐）から持ち帰った使節を何といいますか。

（　　　　　　　　　　）

(4) (3)の使節が中国（唐）で学び，日本に伝えたものを，　　　　から2つ選んで書きましょう。　　　　　　　（　　　　　　　　）（　　　　　　　　　）

米づくり　　政治のしくみ　　進んだ文化　　鉄器のつくりかた

3 右の地図を見て，あとの問題に答えましょう。

((1)は1つ5点，ほかは1つ6点)

(1) 地図中の――線は，7世紀前半から9世紀末まで日本から派遣されたある使節の航路です。この使節を何といいますか。また，派遣された先の国名を書きましょう。

使節（　　　　　　）国名（　　　　　）

(2) この使節が中国から持ち帰った品物の多くは，東大寺のある建物におさめられています。その建物の名前を書きましょう。（　　　　　　　）

(3) (2)の建物には，大仏づくりの命令を出したある人物の遺品が多くおさめられています。この人物はだれですか。　　　　　　（　　　　　　　　）

(4) (3)の人物が，正式な仏教の教えを広めるために中国から招いた僧はだれですか。また，その僧が開いた寺を何といいますか。

人物（　　　　　　　　）寺（　　　　　　　）

(5) 奈良時代には，中国風の文化がさかえ，また，多くの書物がつくられました。この中で8世紀の後半につくられた日本最古の歌集を何といいますか。

（　　　　　　　　）

21 大陸から学んだ国づくり⑤

覚えよう　貴族の台頭とくらし

貴族の台頭

①奈良時代の中ごろから，新たに開こんした土地の私有が認められるようになった。

　➡貴族たちは私有地（荘園）を増やし，多くの収入を得るようになった。

②794年，平城京から京都の平安京に都が移された。➡以後の約400年間を平安時代という。

③都では有力な貴族たちが勢力を争うようになり，9世紀半ばごろから藤原氏が力をつけていった。

藤原氏の政治

　中臣鎌足の子孫である藤原道長は，自分のむすめを天皇のきさきにして勢力をのばした。11世紀の初めごろには，摂政の位についた。
　　　　　　➡天皇が女性だったり幼少のとき，代わりに政治を行う。

「この世をば　わが世とぞ思ふ（う）　もち月の　かけたることも　なしと思へ（え）ば」

〔藤原道長の歌。この世は自分のもので，満月のように，かけているところは何もない，という意味〕

▲寝殿造の復元模型

　➡息子の藤原頼通も摂政や関白につき，11世紀前半に藤原氏は最も栄えた。
　　　　　　　　　➡成人の天皇を補佐する役割。

貴族のくらし

　荘園から多くの収入を得た貴族は，美しい庭園を持った寝殿造という大きな屋敷でくらし，和歌や蹴鞠などを楽しんでいた。また，現在も残る七夕などの年中行事を正しく行うことが大切だった。

1 次の問題の答えを，　　　から選んで書きましょう。

（1つ6点）

(1)　奈良時代の半ばからしだいに増えていった，貴族の私有地を何といいますか。

（　　　　　　　）

(2)　794年に，奈良から京都に都が移されました。この都を何といいますか。

（　　　　　　　）

(3)　都が京都に移ったあとに，ほかの貴族をおさえて力を持つようになったのは何氏ですか。

（　　　　　　　）

(4)　中臣鎌足の子孫で，自分のむすめを天皇のきさきにつけて勢力をのばし，11世紀の初めごろに摂政の位についた人物はだれですか。（　　　　　　　）

(5)　貴族たちがくらしていた，美しい庭園を持つ広いやしきの様式を何といいますか。

（　　　　　　　）

寝殿造　　平城京　　平安京　　蘇我氏　　藤原氏　　藤原道長　　荘園

2 次の系図は，貴族として栄えた藤原氏のものです。この系図を見て，あとの問題に答えましょう。

（1つ6点）

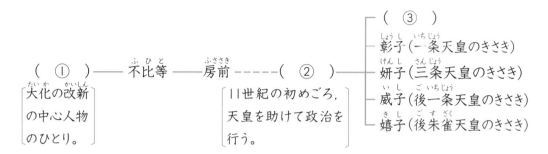

（　①　）── 不比等 ── 房前 ------ （　②　）──
大化の改新
の中心人物
のひとり。

11世紀の初めごろ，
天皇を助けて政治を
行う。

（　③　）
彰子（一条天皇のきさき）
妍子（三条天皇のきさき）
威子（後一条天皇のきさき）
嬉子（後朱雀天皇のきさき）

(1) （①）〜（③）にあてはまる人物の名前を，　　　　からそれぞれ選んで書きましょう。

①（　　　　　）②（　　　　　）③（　　　　　）

頼通　　鎌足　　道長

(2) （②）の人物は11世紀の初めごろに，幼い天皇に代わって政治を行う重要な役職につきました。この役職を何といいますか。　　　　から選んで書きましょう。

（　　　　　）

貴族　　摂政　　大王

(3) 11世紀の初めごろの都は京都にありました。この時代を何時代といいますか。

（　　　　　）

3 右の写真を見て，あとの問題に答えましょう。

（(3)は1つ6点，ほかは1つ7点）

(1) 右の写真のような，美しい庭園を持つ広いやしきの様式を何といいますか。（　　　　　）

(2) 有力な貴族たちの私有地を何といいますか。

（　　　　　）

(3) 写真のような，大きなやしきに住む貴族たちが政治を動かした時代の，都の名前を書きましょう。また，ここに都が移された年を，　　　　から選んで書きましょう。　　都の名前（　　　　　）年（　　　　　）

645年　　701年　　710年　　794年

(4) (3)の都で，11世紀前半に最も栄えた一族の名前を書きましょう。

（　　　　氏）

(5) (4)の一族のうち，次の歌をうたったのはだれですか。　（　　　　　）
「この世をば　わが世とぞ思う　もち月の　かけたることも　なしと思えば」

22 大陸から学んだ国づくり⑥

答え➡ 別冊解答5ページ

得点

100点

覚えよう　日本風の文化（国風文化）の発達

日本独自の貴族文化

中国風の文化を学んできた朝廷を中心とした貴族たちの中から，日本の風土，日本人の感情にあった日本風の文化（国風文化）が発達していった。

日本風の文化（国風文化）

- **かな文字**…漢字をくずしたひらがな，漢字の一部をとったかたかなが生み出され，発達した。

▼ひらがなとかたかな

安	以	宇	衣	於
あ	い	う	え	お
阿	伊	宇	江	於
ア	イ	ウ	エ	オ

➡ひらがなは，おもに女性の間で使われた。
- 「**源氏物語**」…紫式部が当時の貴族のくらしをえがいた小説。
- 「**枕草子**」…清少納言が書いた随筆。
  ※見たり聞いたりしたこと，感想などを自由に書いた文章。
- **大和絵**…貴族の生活ぶりや宮廷のようすなど，日本的な自然や風俗をえがいた絵。

- **十二単**…貴族の女性の正装。着物を重ね着する。
- **束帯**…貴族の男性の正装で，朝廷の行事などに着て出席した。
- 今に続く年中行事…七草がゆ，端午の節句，七夕など

平安時代の仏教

- 平安時代後半になると，世の中が乱れたため，念仏をとなえれば，だれでも来世で極楽浄土に行けるとした**浄土教**が流行した。
  ➡極楽浄土を実現しようとして藤原頼通は平等院鳳凰堂を建てた。

▲平等院鳳凰堂（国宝）

---

1 次の問題の答えを，　　から選んで書きましょう。

（1つ5点）

(1) 朝廷を中心とした貴族たちの中から生まれた文化で，日本人の感情にあった独自の文化を何といいますか。　　（　　　　　　　）

(2) (1)の文化で，おもに朝廷に仕える女性たちの間で使われた，漢字をくずしてつくられた文字は何ですか。　　（　　　　　　　）

(3) 宮殿の中の女性たちが着ていた服装を何といいますか。　（　　　　　　　）

(4) 紫式部が，当時の貴族のくらしをえがいた小説は何ですか。（　　　　　　　）

(5) 清少納言が書いた随筆は何ですか。　　（　　　　　　　）

(6) 藤原頼通が，この世に極楽浄土を実現しようとして建てた建物は何ですか。

（　　　　　　　）

源氏物語　　枕草子　　平等院鳳凰堂　　国風文化　　かたかな　　ひらがな　　十二単

2 右の写真を見て，あとの問題に答えましょう。

(1つ4点)

(1) この建物の名前を書きましょう。

（　　　　　　　　）

(2) 右の写真の建物を建てた人物はだれですか。

（　　　　　　　　）

(3) 次の文の（　）にあてはまることばを，
からそれぞれ選んで書きましょう。

$\Big[$ 平安時代後期になると，世の中は乱れたため，①（　　　　　　　）をとなえ
 れば来世で②（　　　　　　）に行けるとした③（　　　　　　）が流行した。$\Big]$

念仏　　国風文化　　極楽浄土　　浄土教

3 右の絵は，「源氏物語」の一場面をえがいた絵巻物の一部です。この絵を見て，あと
の問題に答えましょう。

(1つ5点)

(1) 「源氏物語」の作者はだれ
ですか。

（　　　　　　　）

(2) (1)の人物と同じころに活
やくした女性が書いた随筆
の作品名と，その作者の名
前を書きましょう。

作品（　　　　　　）作者（　　　　　　）

(3) ここにえがかれているような貴族の女性の服装を書きましょう。（　　　　　　）

(4) この時代の貴族の男性の服装を書きましょう。　　　　　　（　　　　　　）

(5) 七夕など，今の時代に残るものもある，貴族の行事のことを何といいますか。

（　　　　　　）

(6) 自分の気持ちなどを表現しやすい，①・②にあてはまる文字の名前を書きましょう。

① 漢字の一部をとってつくられた文字。　　　　　　（　　　　　　）

② 漢字をくずしてつくられた文字で，女性が好んで使った。（　　　　　　）

(7) 日本風の文化がおこった理由について，次の文の（　）にあてはまることばを，
から選んで書きましょう。

$\Big[$ 貴族たちは①（　　　　　　）の文化をもとにした，日本の②（　　　　　　）
にあった文化をつくろうとした。$\Big]$

天皇　　風土　　中国風　　農民　　弥生時代

答え➡ 別冊解答６ページ

23 単元のまとめ

得点

100点

1 右の年表を見て，あとの問題に答えましょう。

（(1)は３点，ほかは１つ４点）

年	おもなできごと
約2500年前	（　①　）の技術が伝わる
4世紀ごろ	各地にⒶ古墳がつくられる
5世紀ごろ	Ⓑ大仙古墳がつくられる
593	聖徳太子が摂政になる
604	（　②　）が定められる
645	Ⓒ大化の改新が行われる
743	大仏をつくる命令が出される
752	（　③　）の大仏が完成する
794	Ⓓ都が京都に移される
1016	（　④　）が摂政になる
1053	平等院鳳凰堂が完成する

(1)　(①)は中国や朝鮮半島から伝わった新しい農業の技術です。この農業の技術は何ですか。　（　　　　　）

(2)　下線部Ⓐの説明として正しいものを，次の㋐～㋒から１つ選んで，記号を書きましょう。　（　　）

㋐　貝がらなどの食べ残しを捨てた場所。

㋑　有力な豪族の墓。

㋒　有力な豪族が住んでいた場所。

(3)　下線部Ⓑがつくられたころ，大和地方にあらわれ，日本をほぼ統一していた国の政府を何といいますか。（　　　　　）

(4)　(②)は聖徳太子が役人の心がまえを示すためにつくった憲法です。この憲法の名前を書きましょう。　（　　　　　）

(5)　聖徳太子と関わりが深いことがらを，次の㋐～㋓から２つ選んで，記号を書きましょう。　（　　）（　　）

㋐　冠位十二階　　㋑　遣唐使　　㋒　遣隋使　　㋓　国分寺

(6)　中臣鎌足とともに蘇我氏をほろぼした，下線部Ⓒの中心人物はだれですか。

（　　　　　）

(7)　下線部Ⓒはどのような政治を実現するために行われましたか。正しいものを次の㋐～㋒から１つ選んで，記号を書きましょう。　（　　）

㋐　豪族中心の政治　　㋑　貴族中心の政治　　㋒　天皇中心の政治

(8)　(③)の寺の名前を書きましょう。また，仏教の力で国を治めるために大仏をつくる命令を出した天皇はだれですか。　寺（　　　　　）天皇（　　　　　）

(9)　下線部Ⓓの都の名前を書きましょう。　（　　　　　）

(10)　(④)の人物は，自分のむすめを次々と天皇のきさきにして，大きな勢力を持つようになりました。この人物の名前を書きましょう。　（　　　　　）

(11)　(④)の人物の一族が栄えていたころ，日本風の文化が発達しました。このころの文化として正しいものを，次の㋐～㋓から２つ選んで，記号を書きましょう。

（　　）（　　）

㋐　「源氏物語」　　㋑　「万葉集」　　㋒　漢字　　㋓　ひらがな

2 次の写真を見て，あとの問題に答えましょう。

（1つ3点）

Ⓐ  Ⓑ  Ⓒ  Ⓓ 

(1) Ⓐのような特ちょうをもつ土器を何といいますか。（　　　　）

(2) Ⓑの器をはじめとして，聖武（しょうむ）天皇の持ち物などがおさめられている東大寺の宝物（ほうもつ）庫の名前を書きましょう。（　　　　）

(3) 聖徳太子が建てたⒸの寺の名前を書きましょう。（　　　　）

(4) Ⓓのようなつくりの住居が発達したころに，政治の実権（じっけん）をにぎって栄えた一族を何といいますか。（　　　　氏）

(5) Ⓐ～Ⓓの説明にあてはまるものを，次の㋐～㋓から１つずつ選んで，記号を書きましょう。　Ⓐ（　　）　Ⓑ（　　）　Ⓒ（　　）　Ⓓ（　　）

㋐ 美しい庭園がある貴族のやしき　　㋑ 仏教の教えを広めるために建てられた寺

㋒ 縄目（なわめ）の文様がついている土器　　㋓ 遣唐使が持ち帰ったとされるガラスの器

3 次の文章を読んで，あとの問題に答えましょう。

（1つ3点）

５世紀ごろに日本を統一した大和朝廷（ちょうてい）（大和政権）では，（　①　）を中心に政治が行われていましたが，やがて豪族の力が強まっていきました。６世紀の終わりごろ，天皇中心の国づくりを進めるために，（　②　）がⒶさまざまな改革（かいかく）を行いました。しかし，（②）の死後は再び豪族の力が強くなり，中大兄皇子（なかのおおえのおうじ）らが中心となってⒷ大化の改新を行いました。こうして天皇中心の政治のしくみが整うと，８世紀には，奈良（なら）の都に大きな（　③　）をつくらせるほどに天皇の力が強まりました。

(1) （①）にあてはまる，大和朝廷の中心人物は何とよばれましたか。（　　　　）

(2) すぐれた技術や文化を伝え，大和朝廷にも重く用いられていた，大陸から日本に移り住んだ人々を何といいますか。（　　　　）

(3) （②）にあてはまる人物名を書きましょう。（　　　　）

(4) 下線部Ⓐの改革の中で，家がらや身分にこだわらず，能力のある人物が高い位につけるようにした制度を何といいますか。（　　　　）

(5) 次の文は下線部Ⓑで行われた「公地公民（こうちこうみん）」について説明したものです。次の文の[あ]，[い]の（　）にあてはまることばを書きましょう。

〔[あ]（　　　　）が支配していた土地や人々を，[い]（　　　　）のものとした。〕

(6) （③）は，仏教の力で国を治めるために，聖武天皇の命令により東大寺につくられました。あてはまることばを書きましょう。（　　　　）

三内丸山遺跡から

ひろげよう 社会

★**建物**

　高床式のつくりで，おもに倉庫として使われていたと考えられています。

★**大型掘立柱建物**

　遺跡の建物の中で最も大きなもので，高さは約15mあったと考えられています。祭りを行う神殿，いのりをささげる場所，物見やぐらなどの説がありますが，使われかたについては，はっきりわかっていません。

★三内丸山遺跡

　青森県の三内丸山遺跡は，およそ5500年前から1500年間にわたって栄えた縄文時代のむらの遺跡です。東京ドーム7個分の広さ（4.7ha）があるこの遺跡からは，当時の人々のくらしを伝えるものが多く出土しています。

★人々のくらし

● 食べ物

● 植物では，クリやクルミの種が多く出土していて，これらがよく食べられていたようです。

● このクリは，栽培されていたことがわかっています。ほかに，ゴボウ，マメ，ヒョウタンなどが栽培されていたようです。このころの青森は，年平均気温で今より2度ほど暖かかったと考えられていますから，クリなどの栽培ができたのでしょう。

● 動物では，ノウサギ，ムササビなどの小動物，魚類では，タイ・サバ・ブリ・ニシン・サメ類の骨が見つかっています。

● 建物

● たて穴住居で生活し，大型のたて穴住居では作業や集会を行っていたと考えられています。

● 15mもある大型掘立柱建物が何に使われたか，わかっていませんが，6本の柱には直径1mもあるクリの木が使われていました。人々が高度な建築技術を持っていたことがわかります。

縄文時代のくらしを知ろう

★たて穴住居

むらの人々がくらしていた住まい。

★盛り土

建物の建設で掘り起こされた土，長年にわたって捨てられた土器，土偶，石器などが，積み重なって小高い丘のようになっています。単なるごみ捨て場ではなく，使ったものを土に返す儀式の場所だったとも考えられています。

★大型たて穴住居

高さ約8m，長さは約32mもあり，中に約200人も入ることができました。集会所・共同の作業場所として使われていたようです。

★使っていた道具

● 黒曜石の石さじ

さじといっても，スプーンではなく，ナイフのようなもので，狩りのときに使われたと考えられています。

● 土偶，ひすい

何に使われたか，はっきりわかってはいませんが，どちらも儀式につかわれたと考えられています。

ヒスイは糸魚川（新潟県）周辺，黒曜石は北海道産と，両方とも青森ではとれないのに，なぜ出土したのかな？

考えてみよう

● 青森でとれない黒曜石やひすいが出土することから，どんなことが考えられますか。あなたの考えを書きましょう。

※書き方の例は別冊解答の16ページ

答え➡別冊解答6ページ

得点

100点

24 源頼朝と鎌倉幕府①

（みなもとのよりとも　かまくらばくふ）

覚えよう　武士の登場と源平の争い

武士の登場

①田畑を開いて領地とした地方の豪族が，領地を守ろうと武芸にはげみ，武士になった。

②武士には，朝廷や貴族に仕え，力をつけていくものもあらわれた。

③特に勢力が強かった武士の一族は，源氏と平氏。

源氏と平氏の争い

①平清盛が源氏との戦いに勝ち，武士として初めて**太政大臣**（貴族の最高の役職）になる。(1167)➡平氏一族は朝廷の重要な役職を独せん。➡貴族やほかの武士は不満。

②源頼朝が北条氏などの**東国の武士**たちとともに平氏をたおす兵をあげた。

③頼朝の弟，源義経らの活やくによって，平氏を西国においつめ，ほろぼした。

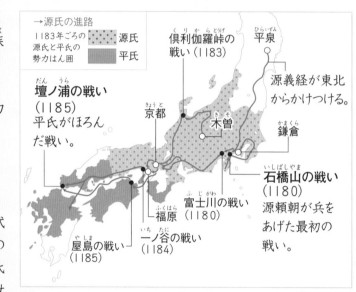

→源氏の進路
1183年ごろの源氏と平氏の勢力はん囲　[源氏]　[平氏]

倶利伽羅峠の戦い (1183)
平泉
源義経が東北からかけつける。
壇ノ浦の戦い (1185) 平氏がほろんだ戦い。
京都
木曽
鎌倉
石橋山の戦い (1180) 源頼朝が兵をあげた最初の戦い。
福原
富士川の戦い (1180)
屋島の戦い (1185)
一ノ谷の戦い (1184)

1　次の問題の答えを，　　から選んで書きましょう。

(1つ6点)

(1) 源氏や平氏のように，領地を守るために武装した地方豪族のことを何といいますか。
（　　　　　　　　　）

(2) 平氏の中で，源氏との争いに勝ち，太政大臣になったのはだれですか。
（　　　　　　　　　）

(3) 平氏をたおすため，伊豆の北条氏と力を合わせたのはだれですか。
（　　　　　　　　　）

(4) 源氏が平氏をほろぼしたのは，何という戦いですか。（　　　　　　　　　）

(5) 平氏をほろぼすため，東北地方からかけつけて活やくした，(3)の人物の弟はだれですか。
（　　　　　　　　　）

武士　　貴族　　源義経　　壇ノ浦の戦い　　源頼朝　　平清盛

2 右の年表は，源氏と平氏の争いを示しています。この年表を見て，あとの問題に答えましょう。

(1つ6点)

(1) 年表中の（①），（②）にあてはまることばを書きましょう。

① （　　　　　　　　）

② （　　　　　　　　）

年	できごと
1159	平清盛が源頼朝の父を破る
1167	Ⓐ平清盛が（　①　）になる
1180	Ⓑ源頼朝が（　②　）をたおす兵をあげる
1185	壇ノ浦の戦いで（　②　）がほろびる

(2) 下線部Ⓐのあと，どのような動きが起こりましたか。次の文の（　）にあてはまることばを，　　から選んで書きましょう。

[朝廷の役職を（　　　　　　　　）が独せんした。]

源氏　　平氏　　藤原氏

(3) 下線部Ⓑのときに，源頼朝に従った武士の一族は何氏ですか。また，その一族がいた地方を，　　からそれぞれ選んで書きましょう。

平氏　　北条氏　　藤原氏　　東国　　西国

武士の一族 （　　　　　　　　）

地方 （　　　　　　　　）

3 次の文章を読んで，あとの問題に答えましょう。

((1)は1つ5点，ほかは1つ6点)

都で貴族が勢いを持っていたころ，地方の豪族は領地を守るために武芸にはげみ，武士になりました。なかでも特に大きな勢力だったのは（　①　）と（　②　）です。（　①　）は（　②　）との争いに勝ち，Ⓐ武士として初めて朝廷の高い役職につく者があらわれましたが，しだいにⒷ貴族やほかの武士の不満が高まりました。やがて，源頼朝が兵をあげると多くの武士たちが従い，（　①　）はついにⒸほろびました。

(1) 文章中の（①），（②）に入る武士の一族の名前を書きましょう。

① （　　　　氏） ② （　　　　氏）

(2) 下線部Ⓐの人物の名前と，その人物がついた役職の名前を書きましょう。

人物 （　　　　　　） 役職 （　　　　　　）

(3) 下線部Ⓑの理由を（　）に書きましょう。

（＿＿＿＿＿＿＿＿＿＿＿＿＿＿＿＿＿＿＿＿＿＿＿　から。）

1183年ごろの源氏と平氏の勢力はん囲 ▒源氏 ■平氏

→源氏の進路

(4) 下線部Ⓒについて，ほろんだ場所を右の地図のあ～かから1つ選んで記号を書きましょう。また，その戦いの名前を書きましょう。

場所 （　　　） 戦い （　　　　　　　　）

25 源頼朝と鎌倉幕府②

答え➡別冊解答6ページ

得点

100点

覚えよう　鎌倉幕府と武士のくらし

鎌倉幕府の成立

源頼朝が鎌倉に開いた幕府を鎌倉幕府という。　➡武士による政治の始まり。

幕府と御家人は、ご恩と奉公という、土地をなかだちにした関係で強く結びついていた。
　　　　　➡将軍に仕えた武士。

① 1185年、頼朝が全国に守護・地頭を置いた。

守護…軍事・警察の仕事をした。

地頭…税の取り立てを行った。

② 1192年、源頼朝が征夷大将軍に任命された。

③ 源氏の将軍が3代でとだえると、執権(将軍を助ける役職)の北条氏が幕府の政治を引きついだ。

④ 1221年、朝廷が、幕府をたおすよう命令を出し、承久の乱が起こった。

　➡幕府は朝廷を破り、全国に支配を広げた。

⑤ 武士の法律(御成敗式目)をつくり、支配力を強めた。

▼「ご恩と奉公」の関係

```
           幕府(将軍)
●手がらとして              奉公
 領地をあたえる      ●幕府のため
●領地を守る           に戦う
   ご恩            ●鎌倉の警備
           御家人(武士)
```

武士のくらし

● 武士は、ふだんは農村でくらし、農民を使って土地を開こんし、農業を行っていた。

● 戦いに備えて、ふだんから武芸の訓練をしていた。

● 武士のやかたは、むだのない質素なつくりで、敵を防ぐため、ほりや物見やぐらなどがあった。

▲武士のやかた

1 次の問題の答えを、□□から選んで書きましょう。

(1つ8点)

(1) 1192年に征夷大将軍に任命された人物はだれですか。　(　　　　　　　)

(2) (1)の人物が開いた幕府を何といいますか。　(　　　　　　　)

(3) (2)の幕府は、土地をなかだちにして御家人と強く結びついていました。この関係を何といいますか。　(　　　　　　の関係)

(4) 源氏の将軍がとだえたあとに、幕府の政治を引きついだ一族の名前を書きましょう。また、その一族がついていた幕府の役職は何ですか。

一族の名前(　　　　　　　)　幕府の役職(　　　　　　　)

北条氏　　鎌倉幕府　　執権　　源頼朝　　ご恩と奉公

2 右の図を見て，あとの問題に答えましょう。

(1つ5点)

(1) 右の図の(①)〜(③)にあてはまることばを，　からそれぞれ選んで書きましょう。

　　領地　　奉公
　　ご恩　　幕府

① (　　　　　　　)
② (　　　　　　　)
③ (　　　　　　　)

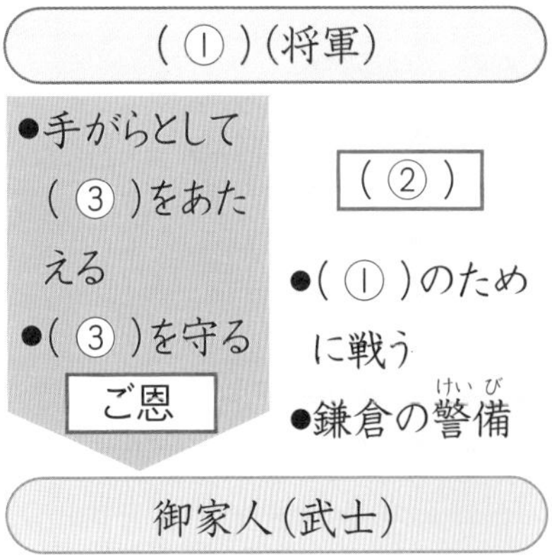

```
( ① )(将軍)
●手がらとして
　( ③ )をたた
　える
●( ③ )を守る
　ご恩

( ② )
●( ① )のため
　に戦う
●鎌倉の警備

御家人(武士)
```

(2) 鎌倉幕府を開いた人物の名前と，武士のかしらとしての役職についた年を書きましょう。

　　人物 (　　　　　　　　) 年 (　　　　　　　)

(3) この時代の武士のくらしのようすについて，次の文の(　)にあてはまることばを，　から選んで書きましょう。

［ 農村で，質素なつくりのやかたに住み，戦いに備えてふだんから (　　　　　　　　) をしていた。 ］

税の取り立て
武芸の訓練

3 次の文章を読んで，あとの問題に答えましょう。

(1つ5点)

　　頼朝どのが平氏をたおして(①)を開いてから，あなたがたにあたえた(②)は，山よりも高く，海よりも深いものです。(②)に感じて名誉を大切にするならば，力を合わせて敵軍をたおし，(①)を守りましょう。

(1) 上の文章は，源頼朝の死後，妻の北条政子が御家人たちにした演説です。(①)，(②)にあてはまることばを，　からそれぞれ選んで書きましょう。

① (　　　　　　) ② (　　　　　　)

朝廷　　幕府　　ご恩　　奉公

(2) 源頼朝は1192年に，朝廷のある役職に任命されました。その役職の名前を書きましょう。
(　　　　　　　)

(3) 文中の(①)で重要な役職についていた北条政子の一族は，源頼朝の死後，大きな力を持つようになりました。その役職の名前を書きましょう。 (　　　　　　　)

(4) 文中の(②)は，おもに合戦の手がらとして御家人に領地があたえられることです。そのかわりに御家人が幕府のために戦うことを何といいますか。(　　　　　　)

(5) 下線部の敵軍は，だれが命令を出して集めましたか。あてはまるものを，　から選んで書きましょう。
(　　　　　　)

朝廷　　貴族　　平氏

26 源頼朝と鎌倉幕府③

得点

100点

覚えよう　元との戦い

北条時宗と元寇

①モンゴルは，アジアからヨーロッパまで，広大な地域を支配した。中国の統一ため，元という国をつくり，朝鮮を従えた。さらに日本も従えようと使者を送ってきた。

②執権の北条時宗が要求を断ったため，元は２度にわたって，九州地方の北部にせめこんできた（元寇）。
　➡御家人以外の武士も共に戦った。
　➡１度目の戦いのあと，幕府は次の戦いに備えて，**石るい（石がき）**を武士たちにつくらせ，守りを固めた。

③武士たちは，元の**集団戦術**や**火薬兵器**など

▲元との戦いのようす

の攻撃に苦しみながらも戦った。
　➡武士たちのはげしい抵抗と暴風雨により，２度とも元は引きあげた。

④幕府は戦いのご恩として，新しい領地を武士たちにあたえられなかった。
　➡幕府に不満を持つ武士が増え，幕府の力がおとろえた。元寇の約50年後，鎌倉幕府はほろんだ。

▲金剛力士像（国宝）

鎌倉時代の文化

武士を中心とした，そぼくで力強い感じをあたえる文化がおこった。

● **金剛力士像**…運慶らがつくった力強い彫刻。

● **東大寺南大門**…ゆう大で力強い様式の建築。

▲東大寺南大門（国宝）

1 次の問題の答えを，　　から選んで書きましょう。

（１つ6点）

(1) 13世紀にモンゴルが，中国の統一のためつくった国は何ですか。（　　　　　）

(2) (1)の国が，日本を従えようと使者を送ってきたときの，幕府の執権はだれですか。
（　　　　　）

(3) (1)の国は２度にわたって日本にせめこんできました。これを何といいますか。
（　　　　　）

(4) (3)の戦いで，武士たちが苦しめられた攻撃を２つ書きましょう。
（　　　　　）（　　　　　）

(5) 東大寺南大門にある，運慶らがつくった力強い彫刻は何ですか。
（　　　　　）

集団戦術　　北条時宗　　元寇　　元　　金剛力士像　　火薬兵器

2 右の写真は，元軍を防ぐためにつくられた石るいです。この写真を見て，あとの問題に答えましょう。

（1つ6点）

(1) 右の写真の石るいは，どの地方につくられましたか。　（　　　　地方北部）

(2) この石るいをつくらせた北条時宗が当時ついていた幕府の役職は何ですか。（　　　　）

(3) 元は，13世紀に中国を統一した，ある民族の人たちがつくった国です。この人たちのよび名を書きましょう。　（　　　　人）

(4) 元軍は日本に何回せめてきましたか。　（　　　　回）

(5) 元軍との戦いのあと，鎌倉幕府の力はしだいに弱まっていきました。その理由として正しいものを，次の㋐～㋒から１つ選んで，記号を書きましょう。（　　　）

㋐ 元との戦いで多くの武士が死に，幕府を守る人数が少なくなったから。

㋑ 幕府が戦いのほうびとして領地をあたえられず，武士の不満が高まったから。

㋒ 幕府がほうびをあたえ過ぎたため，武士たちの力が強くなり過ぎたから。

3 次の文章を読んで，あとの問題に答えましょう。

（(1)は１つ５点，ほかは１つ６点）

（　①　）という国をつくり，朝鮮半島も支配したモンゴル人は，さらに領土を広げるために，日本も従えようと使者を何度も送ってきました。しかし，鎌倉幕府の（　②　）が要求を断ったため，（　①　）は２度にわたって日本の九州地方北部にせめこんできました。武士たちは，（　①　）軍の新しい戦法に苦しみながらも，はげしく抵抗しました。武士たちの抵抗だけでなく，暴風雨にあったこともあり，（　①　）軍は大きな損害を受けて大陸に引きあげました。

(1) 文中の（①）には国の名前が，（②）には人の名前が入ります。それぞれの名前を書きましょう。　①（　　　　）　②（　　　　）

(2) 文中の（②）の人物が，当時ついていた役職は何ですか。　（　　　　）

(3) 下線部の２度の攻撃のことを何といいますか。　（　　　　）

(4) 下線部の１度目の攻撃のあと，鎌倉幕府が守りを固めるために，九州地方北部の海岸ぞいに築いたものは何ですか。　（　　　　）

(5) 元軍がせめてきたことをきっかけに，幕府がしだいに力を弱めていった理由について，次の文の（　　）にあてはまることばを書きましょう。

［戦いのほうびとして，領地をもらえず，生活も苦しくなった（　　　　　）の不満が高まったため。］

27

足利氏と室町幕府①

答え➡別冊解答7ページ

得点

100点

覚えよう　室町幕府と足利氏

室町幕府の成立

1338年，足利尊氏が征夷大将軍になり，京都に室町幕府を開いた。

●足利義満…室町幕府の3代将軍。各地の有力な武将である大名の力をおさえ，中国(明)と貿易し，大きな利益を得るなど強い権力を持った。また，京都の北山に金閣を建てた。

●足利義政…義満の孫で，8代将軍。政治にはほとんど関わらず，浪費をかさねたことなどで，幕府の力がおとろえ，世の中が乱れる原因となった。京都の東山に銀閣を建てた。

◀金閣
1階は寝殿造，2階は武家造風，3階は仏をまつるお堂風。

◀銀閣(国宝)
1階は現在の和室のもとである書院造。障子・ふすま・たたみ・ちがいだなが ある。2階は仏をまつるお堂風。

応仁の乱

足利義政のあとつぎ問題に，有力大名の山名氏，細川氏の対立が加わり，各地の大名が二手に分かれて行った戦いを応仁の乱という。京都を中心に約11年間続いた。

●京都は焼け野原となり，室町幕府の力はおとろえていった。

●100年ほど続く戦乱の世となり，各地に戦国大名がおこった。

▲書院造の部屋

1 次の表は，室町時代のできごとをあらわしたものです。①～⑤にあてはまることばや人の名前を，　　から選んで書きましょう。

（1つ6点）

将軍		できごと
初代将軍	足利尊氏	・京都に①（　　　　）を開く
3代将軍②	（　　　　）	・京都の北山に③（　　　　）を建てる ・中国(明)と貿易を行う
8代将軍④	（　　　　）	・京都の東山に⑤（　　　　）を建てる

鎌倉幕府　　室町幕府　　足利義政　　足利義満　　金閣　　銀閣

2 次の資料を見て，あとの問題に答えましょう。

足利義満
幕府の3代将軍。
Ⓐ各地の有力な武
将の力をおさえ，
（　①　）と貿易し，
大きな利益を得た。
また，京都の北山に（　②　）を建てた。

Ⓑ足利義政
義満の孫で，8代
将軍。政治にほと
んど関わらなかっ
たため，世の中が
乱れる原因となっ
た。京都の東山に（　③　）を建てた。

(1) 資料中の（①）には中国の国名が，（②），（③）には建物の名前が入ります。それ
ぞれの名前を書きましょう。

①（　　　　　　　） ②（　　　　　　　） ③（　　　　　　　）

(2) 下線部Ⓐのような，この時代の有力な武将を何とよびますか。　（　　　　　　　）

(3) 下線部Ⓑの人物のあとつぎ問題がきっかけで始まり，
京都を中心に約11年間続いた戦いを何といいますか。

（　　　　　　　）

(4) 現在の和室のもとになった，右の絵の部屋のつくりを
何といいますか。　　　から選んで書きましょう。

（　　　　　　　）

武家造　　書院造　　石るい

3 右の写真を見て，あとの問題に答えましょう。

(1) 右の写真の建物の名前を書きましょう。

（　　　　　　　）

(2) (1)を建てた足利義満の孫で，京都の東山に銀閣
を建てた人物はだれですか。　（　　　　　　）

(3) 銀閣の1階は，現在の和室のもとになった部屋
のつくりになっています。このつくりを何といい
ますか。　　　　　　　　（　　　　　　）

(4) 応仁の乱以後の社会のようすについて，次の文の（　）にあてはまることばを，
　　　から選んで書きましょう。

〔 戦場となった京都は焼け野原となり，
（　　　　　　　　　　　　　　　） 〕

幕府の力が弱まった。
幕府の力が強まった。

28 足利氏と室町幕府②

答え➡別冊解答7ページ

得点

100点

覚えよう　室町時代の文化と人々

室町時代の文化

● 書院造という建築様式が生まれ，生け花やすみ絵(水墨画)，茶の湯がさかんになった。

● すみ絵 (水墨画)…中国から伝わり，雪舟が日本独自の様式に完成させた。

生け花…草花をうつわにさしてかざること。書院造の部屋の床の間にかざられた。

すみ絵(水墨画)…書院造の部屋のふすまやかけじくにかかれた。

茶の湯…決まった作法で茶をのむこと。武士や貴族の間でさかんになった。

● 能・狂言…能は，歌や音楽に合わせ，面をつけて舞う芸能。足利義満の保護を受け，観阿弥・世阿弥の父子が大成させた。狂言は，能の合間に演じられたこっけいなしばい。農村で楽しまれていた劇やおどりなどから発展した。

団結する農民

● 農具の改良，作物の品種改良，用水路の建設，牛馬の利用により生産力を高めた。

● 民衆の力が強まり，都市を中心に商工業が発達した。

1 右の絵を見て，あとの問題に答えましょう。

（1つ7点）

(1) 右の絵に見られる①，②は，室町時代に広まったものです。それぞれ何というか，　　　から選んで書きましょう。① (　　　) ② (　　　)

茶の湯　　生け花　　すみ絵

(2) 右の絵のような部屋のつくりを何といいますか。
(　　　)

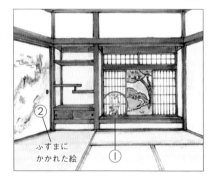

ふすまにかかれた絵

(3) 農村で楽しまれていた劇やおどりなどから発展した，歌や音楽に合わせ，面をつけて舞う芸能を何というか，　　　から選んで書きましょう。 (　　　)

能　　うらない　　狂言

2 右の絵は，室町時代に完成したすみ絵です。この絵を見て，あとの問題に答えましょう。

（1つ8点）

(1) 右の絵の作者で，すみ絵を日本独自の様式に完成させたのはだれですか。（　　　　　）

(2) 右の絵と同じように，書院造(しょいんづくり)の部屋の中に見られることの多いものは何ですか。　　　から選んで書きましょう。（　　　　　）

生け花　　土器(どき)　　能

(3) (2)がさかんになったのは何時代ですか。（　　　　時代）

(4) (3)の時代につくられ，能の合間(あいま)に演じられたしばいを何といいますか。

（　　　　　）

3 次の文章を読んで，あとの問題に答えましょう。

（1つ8点）

室町時代には，書院造の広まりとともに，武士や貴族(きぞく)のくらしにⒶ新しい文化が広がりました。Ⓑ農村では，そぼくな劇や豊作をいのるおどりなどから，芸能が生まれました。これらの室町時代の文化は，今のくらしにも受けつがれています。また，鎌倉(かまくら)時代から室町時代の農村では，Ⓒ農民がくふうや努力を重ねて生産力を高めていきました。

(1) 下線部Ⓐについて，次の①，②にあてはまることばを書きましょう。

① 決まった作法で茶をのむこと……………………………（　　　　　）

② 草花をうつわにさしてかざること………………………（　　　　　）

(2) 下線部Ⓑについて，歌や音楽に合わせて，面をつけて舞う芸能を何といいますか。

（　　　　　）

(3) (2)の芸能の合間に演じられたしばいの説明として正しいものを，次の㋐～㋒から1つ選んで，記号を書きましょう。（　　）

㋐ せりふがないしばいだった。

㋑ かなしく，せつないしばいだった。

㋒ こっけいなしばいだった。

(4) 下線部Ⓒについて，農民たちは生産力を高めるために，どんなくふうや努力をしましたか。次の文の（　）にあてはまることばを，　　　から選んで書きましょう。

［くふうして（　　　　　　　　）をし，共同で用水路を建設したり，村ごとに力を合わせて田植えをしたりした。］

ぼんおどり　　農具の改良　　生け花

29

2人の武将と天下統一①

答え➡別冊解答7ページ

得点

100点

覚えよう　織田信長の天下統一への道

織田信長

尾張（愛知県）の戦国大名。今川氏や武田氏などの有力な戦国大名や，室町幕府をほろぼし，天下統一をめざしたが，家来の明智光秀におそわれ自害した。

年	織田信長に関するできごと（　）は関連するできごと	その後のようす
1543	（ポルトガル人が種子島に鉄砲を伝える）	➡鉄砲は堺や近江の国友などでつくられた
1549	（フランシスコ・ザビエルが日本にキリスト教を伝える）	➡キリスト教の教会が各地に建てられた
1560	桶狭間の戦いで今川氏を破る	
1562	徳川家康と連合する	
1571	比叡山の延暦寺を焼く	
1573	将軍足利義昭を京都から追放し，室町幕府をほろぼす	
1575	長篠の戦いで鉄砲を大量に使い，武田氏を破る	
1576	近江（滋賀県）に安土城を築く	➡九州や堺などの港では，ヨーロッパ人と貿易（南蛮貿易）を行った
		➡商業をさかんにするため，城下町では，商人がだれでも自由に商売できたり（楽市・楽座），税や関所をなくすしくみを整えた
1582	京都の本能寺で明智光秀におそわれ自害	

▲織田信長の勢力（1582年）

織田信長の進出した地域　0　200km　桶狭間の戦い　京都　国友　安土　堺　長篠の戦い

1

次の年表は，織田信長に関するできごとをあらわしたものです。①〜⑥にあてはまることばや人の名前を，　　から選んで書きましょう。　　（1つ5点）

年	織田信長に関するできごと
1543	ポルトガル人が種子島に①（　　　　　　　）を伝える
1549	②（　　　　　　　　　　　）が日本にキリスト教を伝える
1560	有力大名の今川氏を③（　　　　　の戦い）で破る
1573	将軍足利義昭を京都から追放し，④（　　　　幕府）をほろぼす
1575	大量の①を使い，有力大名の武田氏を⑤（　　　　の戦い）で破る
1576	⑥（　　　城）を築く

桶狭間　室町　鎌倉　安土　鉄砲　フランシスコ・ザビエル　長篠

2 右の年表は，織田信長に関するできごとをあらわしたものです。この年表を見て，あとの問題に答えましょう。

（1つ7点）

(1) 年表中の①，②にあてはまることばを書きましょう。

(2) 年表中の④，©でたおした戦国大名を，〔　〕からそれぞれ選んで書きましょう。

④ (　　　　　　　) © (　　　　　　　)

朝倉氏（あさくら）　今川氏　斎藤氏（さいとう）　武田氏

(3) 室町幕府がほろんだことに最も関係の深いできごとを，年表中の④〜⑩から1つ選んで，記号を書きましょう。 (　　　)

年	織田信長に関するできごと
1549	フランシスコ・ザビエルが日本に①(　　　　　　　)を伝える
1560	④桶狭間の戦い
1562	徳川家康（とくがわいえやす）と連合する
1571	延暦寺（えんりゃくじ）を焼く
1573	⑧将軍足利義昭を追放する
1575	©長篠の戦い
1576	近江（おうみ）（滋賀県）に安土城を築く
1582	⑩京都の②(　　　　　)で自害

3 次の文章を読んで，あとの問題に答えましょう。

（1つ7点）

（　※　）は，尾張（おわり）（愛知県）の戦国大名です。となりの国の有力な戦国大名を，④桶狭間の戦いで破ってから勢力を強めました。また，それまでの刀や弓矢を主とした戦法ではなく，⑧新しい武器を大量に使う戦法で，武田氏をたおしました。そして，おとろえていた室町幕府をほろぼし，©琵琶湖（びわこ）の近くに城を築きました。天下統一を進めましたが，そのとちゅうで家来（けらい）の明智光秀（あけちみつひで）におそわれて自害しました。

(1) （※）にあてはまる人物の名前を書きましょう。 (　　　　　　　)

(2) 下線部④の戦いの場所を，右の地図中のあ〜えから1つ選んで，記号を書きましょう。

(　　　　　　)

(3) 下線部⑧は，地図中の▲でおもにつくられました。この武器の名前を書きましょう。

(　　　　　　)

(4) (1)の人物が地図中の■の場所で，(3)を大量に使って，有力な戦国大名を破った戦いを何といいますか。 (　　　　　　の戦い)

(5) 下線部©の城下町で行われた，だれでも自由に商売することを認めたしくみを，〔　〕から選んで書きましょう。 (　　　　　　　)

ご恩と奉公（ほうこう）　一所懸命（いっしょけんめい）　楽市・楽座（らくいち　らくざ）

30

2人の武将と天下統一②

答え➡別冊解答7ページ

得点

100点

 覚えよう　豊臣秀吉の天下統一

豊臣秀吉

織田信長の有力な武将として活やく。信長の死後，明智光秀を破った。検地や刀狩を全国的に行い，その後，天下統一をなしとげた。

年	豊臣秀吉に関するできごと	その後のようす
1582	明智光秀をたおす	➡信長のあとをつぎ，天下統一に乗り出した
	検地を始める	➡全国の田畑や土地のようすを調べて，確実に年貢を納めさせるようにした
1583	石山本願寺のあと（大阪）に大阪城を築く	
1585	関白の位をさずけられる	
1588	刀狩令を出す	➡一揆を防ぐため，百姓（農民）から刀や鉄砲などの武器を取りあげた
1590	全国を統一する	
1592	朝鮮に大軍を送る（1度目）	
1597	朝鮮に大軍を送る（2度目）	➡中国（明）を征服しようとしてせめこみ，朝鮮の人々に大きな苦しみを与えた。2度とも失敗し，豊臣氏がおとろえるきっかけになった
1598	病死する	

▲検地のようす

豊臣秀吉の政治のえいきょう

検地と刀狩によって，武士と町人・百姓（農民）などの**身分が区別される**ようになった。

➡武士が支配する社会のしくみが整えられていった。

1 次の年表は，豊臣秀吉に関するできごとをあらわしたものです。①～⑥にあてはまることばや人の名前を，　から選んで書きましょう。 （1つ7点）

年	豊臣秀吉に関するできごと
1582	①（　　　　　　　　　）をたおし，天下統一に乗り出す
	②（　　　　　　　　　）を始める
1583	石山本願寺のあとに③（　　　　　城）を築く
1585	朝廷から④（　　　　　　　）の位をさずかる
1588	⑤（　　　　　　　　　）を出す
1592	⑥（　　　　　　　　　）に大軍を送る（1度目）

関白　朝鮮　大阪　刀狩令　明智光秀　織田信長　検地

② 右の絵は，確実に年貢を納めさせるため，全国の田畑や土地を調べているようすをあらわしています。この絵を見て，あとの問題に答えましょう。 　　　　　(1つ7点)

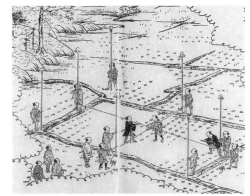

(1) 右の絵のように，田畑や土地のようすを調べることを何といいますか。　（　　　　　　　）

(2) 1582年に，右の絵のような調査を全国的に行うよう命令を出した人物はだれですか。
　　　　　　　　　　（　　　　　　　　　）

(3) (2)の人物は，のちに百姓(農民)から武器を取りあげることも行いました。この命令のことを何といいますか。　（　　　　　　　）

(4) (3)の命令は，どのような理由から出されましたか。正しい理由を，　　　から選んで書きましょう。　　　　　　　　　（　　　　　　　　　）

　　一揆を防ぐため　　　大名の反乱を防ぐため　　　大阪城をつくるため

③ 次の資料を見て，あとの問題に答えましょう。
　　　　　　　　　　　　　　　　　　　　　　　　　(1つ6点)

> 一，諸国の百姓が，刀，弓，やり，鉄砲などの武器を持つことを，かたく禁止する。なぜなら，武器をたくわえていると，年貢を出ししぶり，（　※　）をくわだてて領主に反抗する者が出るからである。そのような者は，厳しく処罰される。

(1) 上の資料は，ある人物が出した命令の一部です。この命令のことを何といいますか。　　　　　　　　　　　　　　　　（　　　　　　　　　）

(2) (1)の命令を出した人物はだれですか。　　（　　　　　　　　　）

(3) (1)の命令は，資料中の（※）を防ぐために出されました。（※）にあてはまることばを，　　　から選んで書きましょう。　（　　　　　　　　　）

　　布教　　　一揆　　　ぬすみ

(4) 下線部の年貢を確実に取りたてるために，全国的に行われたことを何といいますか。　　　　　　　　　　　　　　　　（　　　　　　　　　）

(5) (1)と(4)が全国的に行われたことによって，このころの社会はどうなりましたか。次の文の（　）にあてはまることばを，　　　から選んで書きましょう。
　　［　武士と町人・百姓(農民)などの身分が，（　　　　　　　　），
　　　武士が町人や百姓を支配する社会のしくみが整った。　　　　　　　　　]

　　なくなり　　　はっきり区別され

31 単元のまとめ

答え➡別冊解答7ページ

得点

100点

1 右の地図や資料を見て，あとの問題に答えましょう。

（1つ4点）

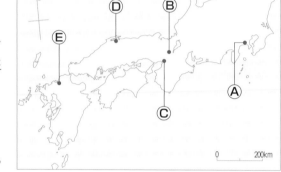

(1) 源頼朝が幕府を開いた地図中の🅐の地名を書きましょう。　（　　　　　）

(2) 🅐に幕府を開いたことによって，どんな政治が始まりましたか。　　から選んで書きましょう。（　　　　　　）

　天皇の政治　　武士の政治　　貴族の政治

(3) 🅐の幕府での，御家人と幕府の結びつきについて，（　）にあてはまることばを書きましょう。

　① （　　　　　　　）……幕府が御家人の手がらに対して領地をあたえる。
　② （　　　　　　　）……御家人が幕府のために戦う。

(4) 右の資料は元の軍隊が日本にせめてきたときのようすです。このときの幕府の執権はだれですか。また元軍がせめてきた場所を，地図中の🅐〜🅔から１つ選んで記号を書きましょう。

　執権（　　　　　　　）　せめてきた場所（　　　　）

(5) 元寇のあとの🅐の幕府のようすについて，次の文の（　）にあてはまることばを，　　から選んで書きましょう。

　手がらの領地をもらえず，（　　　　　　　）の　不満が高まり，幕府の力が弱まった。

　　将軍　　御家人　　朝廷

(6) 地図中の🅑は足利氏が開いた幕府があった場所です。この幕府を何といいますか。（　　　　　　　）

(7) (6)の幕府の３代将軍で，中国(明)との貿易を始めて，大きな利益を得たのはだれですか。（　　　　　　　）

(8) (7)の人物が，京都の北山に建てた建物を何といいますか。（　　　　　　　）

(9) (6)の幕府の８代将軍足利義政のあとつぎ問題から起こり，京都を中心に約11年にわたって続いた戦乱を何といいますか。（　　　　　　　）

(10) (6)の幕府をほろぼした尾張の戦国大名はだれですか。（　　　　　　　）

(11) 1583年に🅒に城を築いた人物はだれですか。（　　　　　　　）

2 右の絵や写真を見て，あとの問題に答えましょう。

（1つ4点）

(1) 鎌倉時代に🅐のような形式のやかたに
住んでいた人たちを何といいますか。

（　　　　　　　　）

(2) 🅐でのくらしのようすについて，（　）
にあてはまることばを，□□□から選んで書きましょう。

［敵をふせぐためのほりやへいがある建物で，
（　　　　　　）の訓練をしていた。］

武芸　　石るい　　鉄砲

(3) 🅑のような部屋のつくりを何といいますか。（　　　　　　　　）

(4) 室町幕府の8代将軍足利義政が京都の東山に建てた，一層目に🅑の部屋のような
つくりのある建物を何といいますか。（　　　　　　　　）

(5) (4)が建てられたころに生まれた文化で，今に受けつがれているものを，□□□か
ら2つ選んで書きましょう。　　　　　　（　　　　　　　）（　　　　　　　）

茶の湯　　ひらがな　　生け花　　大和絵

3 右の年表を見て，あとの問題に答えましょう。

（1つ3点）

(1) （①）は，それまでになかった新しい武器で，
（②）は新しく伝わった宗教です。それぞれに
あてはまることばを書きましょう。

①（　　　　　　　）②（　　　　　　　）

(2) （①）を大量に使って，織田信長が有力大名
の武田氏を破った戦いを，年表中の🅐・🅑か
ら選んで，記号を書きましょう。（　　　）

(3) 下線部🅒の城の名前を書きましょう。

（　　　　　　　　）

(4) （③）は，織田信長を本能寺でおそいました。
あてはまる人物名を書きましょう。

（　　　　　　　　）

年	おもなできごと
1543	ポルトガル人が（　①　）を伝える
1549	フランシスコ・ザビエルが（　②　）を伝える
1560	🅐桶狭間の戦い
1575	🅑長篠の戦い
1576	近江（滋賀県）に🅒城を築く
1582	織田信長が家来の（　③　）におそわれ自害する
	（　④　）が始められる
1588	（　⑤　）が出される
1590	豊臣秀吉が全国を統一する
1592	（　⑥　）をせめる（1度目）
1597	（　⑥　）をせめる（2度目）

(5) 年貢を確実に取り立てるために豊臣秀吉が全国的に田畑や土地のようすを調べさ
せた（④）を何といいますか。　　　　　　　　　　（　　　　　　　　）

(6) （⑤）は，百姓（農民）たちが一揆を起こすのを防ぐ目的で出された，武器を取りあ
げる命令です。あてはまることばを書きましょう。　（　　　　　　　　）

(7) 豊臣秀吉は，中国（明）を征服するために（⑥）をせめました。あてはまることばを
書きましょう。　　　　　　　　　　　　　　　　（　　　　　　　　）

32 江戸幕府の始まり

得点

100点

覚えよう　徳川家康と江戸幕府

徳川家康

三河（愛知県）に生まれた。豊臣秀吉の死後，関ヶ原の戦いに勝ち，征夷大将軍となった。江戸に幕府を開き，のちに**豊臣氏**をほろぼした。

年	徳川家康に関するできごと	その後のようす
1562	織田信長と連合する	
1590	秀吉の命令で関東地方に移る	➡江戸の町づくりを始める
1600	関ヶ原の戦いに勝つ	➡豊臣方の大名を破り，全国の大名を従える
1603	征夷大将軍となり，江戸に幕府を開く	
1615	大阪城をせめ，豊臣氏をほろぼす	➡豊臣氏をほろぼし，幕府の支配を確実にする
1616	病死する	

▲関ヶ原の戦い

江戸城と江戸の町づくり

①豊臣秀吉の命令で関東を治めるようになった徳川家康は，**江戸城**に入り，江戸の町づくりを始めた➡海岸をうめたて，港や運河をつくらせた。

②2代将軍秀忠のころから江戸城の本格的な改築がはじまり，約30年で完成。

➡全国の大名に工事の費用や人手を負担させた。

1 次の年表は，徳川家康に関するできごとをあらわしたものです。①～⑤にあてはまることばや人の名前を，　　　から選んで書きましょう。　　　（1つ6点）

年	徳川家康に関するできごと
1562	①（　　　　　　　　　）と連合する
1590	②（　　　　　　　　　）地方に移る
1600	③（　　　　　　　　　）の戦いに勝つ
1603	征夷大将軍となり，④（　　　　　　　　　）に幕府を開く
1615	大阪城をせめ，⑤（　　　　　　　　　）氏をほろぼす

関ヶ原　江戸　大阪　関東　近畿　織田信長　豊臣

2 右の絵は，1600年に行われたある戦いのようすをえがいたものです。この絵を見て，あとの問題に答えましょう。

(1) 右の絵は何の戦いをえがいていますか。（　　　　　の戦い）

(2) この戦いに勝ち，全国の大名を従えた人物はだれですか。次の　　　から選んで書きましょう。（　　　　　　）

豊臣秀吉　　徳川家康

織田信長

(3) この戦いの3年後に，(2)の人物は朝廷から征夷大将軍に任命され，幕府を開きました。幕府が開かれた場所を，　　　から選んで書きましょう。

京都　　江戸　　鎌倉　　　　　　　　　　（　　　　　　　）

(4) (2)の人物が，1615年にほろぼした一族の名前を書きましょう。

（　　　　　氏）

3 次の文章を読んで，あとの問題に答えましょう。

（1つ6点）

　（　①　）は三河の小さな大名の家に生まれました。幼いころは有力な大名の家に人質に出され苦労しましたが，その後，（　②　）や（　③　）の天下統一を助けながら勢力をのばしていきました。（　③　）の死後，1600年に，自分に対立する大名たちを戦いで破り，全国の大名を従えるようになりました。1603年には征夷大将軍の位をさずけられ，（　④　）幕府を開きました。その後，豊臣氏をほろぼし，幕府の支配を確実にしました。

(1) 文章中の(①)～(④)にあてはまることばや人名を書きましょう。

①（　　　　　　）②（　　　　　　）

③（　　　　　　）④（　　　　　　）

(2) (①)の人物は，1590年にある地方に領地を移されました。その地方はどこですか。

（　　　　　地方）

(3) (①)の人物が(2)の地方に移ったときに入った城の名前を書きましょう。

（　　　　　　　）

(4) 文章中の，1600年の戦いの名前を書きましょう。　（　　　　　の戦い）

33 江戸幕府の政治①

答え➡別冊解答8ページ

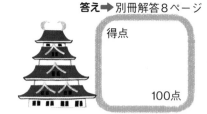

得点

100点

覚えよう　幕府の大名支配

江戸幕府と大名

関ヶ原の戦いのあと，幕府は全国の大名を親藩，譜代，外様に区別した。

● 親藩…徳川家の親類。

● 譜代…古くからの家来。

● 外様…関ヶ原の戦いの前後に家来になった大名。

➡武家諸法度というきまりを定めて，大名を取りしまった。

徳川家光の政治

江戸幕府の3代将軍となった徳川家光は，武家諸法度を改め，参勤交代を定めた。

● 参勤交代…大名は1年おきに江戸と自分の領地（藩）に住む。大名の妻子は人質として江戸に住まわせた。

● 江戸城の改修や河川改修工事を大名たちに命じた。

➡重い負担で，大名の力をおさえた。

▲おもな大名の配置（1664年）

○50万石以上
○30～49万石
○30万石未満

武家諸法度（※は家光のときつけ加えたきまり）

一，学問や武芸を身につけ，弓や馬の訓練にはげむこと。

一，※大名は毎年決められた月に参勤すること。

一，新しい城を築いてはならない。

一，大名は，勝手に結婚してはならない。

一，※大きな船をつくってはならない。

---

1 次の問題の答えを，　　　から選んで書きましょう。

（1つ7点）

(1) 江戸幕府は，全国の大名を区別して各地に配置しました。幕府はどのように区別しましたか。大名の種類を3つ書きましょう。

（　　　　　）（　　　　　）（　　　　　）

(2) 江戸幕府が定めた，大名を取りしまるためのきまりを何といいますか。

（　　　　　）

(3) 徳川家光は，大名に対して，1年おきに江戸と自分の領地に住むように命じました。この制度を何といいますか。

（　　　　　）

参勤交代　　譜代　　武家諸法度　　外様　　親藩

2 右の地図は，江戸時代はじめの大名の配置をあらわしています。この地図を見て，あとの問題に答えましょう。

(1つ5点)

(1) ●で示されている，幕府から遠い場所に配置された大名を何といいますか。（　　　　　）

(2) (1)の大名は，1600年に起こった大きな戦いの前後，徳川家の家来になった大名です。この戦いの名前を書きましょう。（　　　　　の戦い）

(3) 徳川家の親類にあたり，幕府にとって重要な場所に置かれた大名を何といいますか。（　　　　　）

(4) この時代の幕府が置かれていた**あ**の地名を書きましょう。
（　　　　　）

(5) 幕府が定めた大名の領地と地図中の**あ**を往復させた制度を何といいますか。
（　　　　　）

(6) 大名が力をつけないように，幕府は(5)の制度のほか，幕府の置かれている**あ**の城の改修などもさせました。この城の名前を書きましょう。（　　　　　）

---

3 右の資料を見て，あとの問題に答えましょう。

(1つ7点)

(1) 右の資料は，江戸幕府が定めたきまりです。このきまりの名前を書きましょう。
（　　　　　）

(2) 幕府は大名を3種類に区別していました。この中で，古くから徳川家の家来だった大名を何といいますか。
（　　　　　）

(3) 下線部の制度を定めたのはだれですか。（　　　　　）

> 一，学問や武芸を身につけ，弓や馬の訓練にはげむこと。
> 一，大名は毎年決められた月に参勤すること。
> 一，新しい城を築いてはならない。
> 一，大名は，勝手に結婚してはならない。
> 一，大きな船をつくってはならない。

(4) 下線部の制度を何といいますか。また，この制度はほかにどんなことが義務づけられていましたか。次の文の（ ）にあてはまることばを，　　　から選んで書きましょう。　　　　　　　　制度の名前（　　　　　）
〔人質として大名の（　　　　　）を江戸に住まわせた。〕

検地　　参勤交代　　妻と子　　農民と御家人

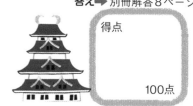

得点

100点

34 江戸幕府の政治②

覚えよう　鎖国への歩みとキリスト教の禁止

江戸幕府とキリスト教

　江戸時代の初め，幕府は，外国と積極的に貿易を行ったが，キリスト教の信者が増えたために方針を変えるようになった。

将軍	年	鎖国への歩み
家康／秀忠	江戸時代の初め	日本から多くの貿易船が東南アジアに行き，各地に**日本町**ができる
		スペインやポルトガルの貿易船が日本に来て，キリスト教信者が増える
	1612	キリスト教を禁止する ➡信者が幕府の命令にそむくことをおそれたため └神への信こうを重視する。
家光	1624	スペイン船の来航を禁止する ➡このころ，絵踏みが始まる
	1635	日本人が海外へ行くことと，海外から帰国することを禁止する
	1637	島原・天草一揆が起こる
	1639	ポルトガル船の来航を禁止する 貿易は**オランダ**と**中国**に限り，長崎の港だけ開く └この2か国はキリスト教を広めないため。 ➡貿易の利益を幕府が独せん
	1641	オランダ商館を長崎の出島に移す（鎖国の完成）

▲絵踏み…キリスト教の信者かどうかを調べるため，キリスト像やマリア像を踏ませた

▲島原・天草一揆…キリスト教信者を中心に，重い年貢の取り立てに反対した一揆

1 次の問題の答えを，　　から選んで書きましょう。

（1つ7点）

(1) 江戸時代の初め，多くの貿易船が東南アジア各地を行き来していました。このころ東南アジアの各地にできた日本人の居住地を何といいますか。（　　　　　　）

(2) 1612年に江戸幕府が禁止した宗教は何ですか。（　　　　　　）

(3) (2)の信者を中心に起こった一揆は何ですか。（　　　　　　）

(4) 外国との交流を厳しく制限し，1641年に完成した，江戸幕府の対外関係のあり方を何といいますか。（　　　　　　）

キリスト教　　仏教　　絵踏み　　鎖国　　日本町　　島原・天草一揆

2 右の資料は，絵踏みのようすをあらわしたものです。この資料を見て，あとの問題に
答えましょう。
(1つ8点)

(1) 絵踏みは江戸幕府の考え方に反する，ある
宗教の信者を見つけだすために行われました。
その宗教とは何ですか。
（　　　　　　）

(2) (1)が行われ始めたころの幕府の将軍はだ
れですか。　　　（　　　　　　）

(3) (2)の人物は外国との交流を厳しく制限し，
1641年にはオランダ商館を長崎の出島に移し
ました。これによって完成した対外関係のあり方を何といいますか。
（　　　　　　　）

(4) (3)の方針の中でも，幕府はオランダ・中国とは貿易を続けていきました。その理
由について，次の文の（　）にあてはまることばを，　　　から選んで書きましょう。

〔（　　　　　　　　）を広めるおそれがなかったから。〕

仏教　　キリスト教　　浄土教

(5) オランダと中国は，日本のある港でのみ貿易を許されていました。それはどこで
すか。　　　　　　　　　　　　　　　　　　　　（　　　　　　　）

3 右の地図は，江戸幕府から許可を受けた大名や商人が行った貿易の航路を示したもの
です。この地図を見て，あとの問題に答えましょう。
(1つ8点)

(1) 地図中の●は，江戸時代の初めに，東南
アジア各地につくられた日本人の町です。
この町を何といいますか。（　　　　　　）

(2) 貿易がさかんになるにつれて，ある宗教
の宣教師が日本に数多くやってくるように
なりました。この宗教とは何ですか。
（　　　　　　）

(3) (2)が広まることをおそれた幕府はこれを
禁止しましたが，役人の前で信者かどうか
を調べるために人々に行わせたことを何と
いいますか。　　　（　　　　　　）

(4) あは，鎖国が完成したのちも，貿易港と
して開かれていました。あの地名を書きましょう。　　　　（　　　　　　）

♠ おもな貿易港
── 貿易船の
　　おもな航路

朝鮮
明
あ
ルソン
シャム
カンボジア
スマトラ　　ボルネオ
ジャワ

35 江戸幕府の政治③

得点

100点

覚えよう　鎖国下の日本の交流

海外に開かれた窓口

●長崎の出島

長崎の港につくられた，人工の島の出島で，**オランダ**との貿易が行われた。江戸にやってくるオランダの商館長から，世界の情報を知ることもできた。

アイヌの人々との交易

北海道はえぞ地とよばれ，アイヌの人々がくらしていた。**松前藩**が交易を独せんする。

➡アイヌの人々にとって不公平な交易で，17世紀中ごろ，シャクシャインを中心に戦いに立ち上がったが，しずめられた。

朝鮮との国交・貿易

とだえていた朝鮮との交流を**徳川家康**が復活させ，対馬藩（長崎県）を通じて貿易を行った。

●朝鮮通信使…国交の回復後，将軍がかわるたびに，お祝いのため江戸を訪問した。

琉球王国

15世紀に成立した琉球王国は，中国や東南アジアとの貿易で栄えていた。

➡17世紀に薩摩藩（鹿児島県）に支配された。琉球の国王や幕府の将軍がかわるたびに，使節を江戸に送った。

※このように，江戸時代にも交易はつづいたため，「鎖国」という考え方はしない説もある。

---

1 次の問題の答えを，　　から選んで書きましょう。

（1つ6点）

(1) えぞ地とよばれ，アイヌの人々がくらしていたのはどこですか。（　　　　　）

(2) 徳川家康が国交を復活させ，対馬藩を通じて貿易を行っていた国の名前を書きましょう。（　　　　　）

(3) 将軍がかわるたびに江戸を訪問した，(2)の国の使節を何といいますか。

（　　　　　）

(4) 鎖国が完成したあとも，長崎は一部の国に開かれていましたが，ここにつくられた貿易のための人工の島を何といいますか。（　　　　　）

(5) 中国や東南アジアとの貿易で栄え，のちに薩摩藩に支配された国の名前を書きましょう。（　　　　　）

北海道　　朝鮮　　琉球王国　　出島　　対馬　　中国　　朝鮮通信使

2 右の絵は，将軍にあうためにやってきた朝鮮通信使の行列のようすです。この絵を見て，あとの問題に答えましょう。

（(1)・(2)は１つ５点，ほかは１つ６点）

(1) 朝鮮通信使の目的地はどこですか。 （　　　　）

(2) 朝鮮通信使がやってきたのはなぜですか。次の文の（　）にあてはまることばを，　　から選んで書きましょう。

〔新しく就任（しゅうにん）した（　　　　　　　　）を祝うため。〕

天皇（てんのう）　大名（だいみょう）　将軍

(3) 朝鮮通信使と同じような理由で使節を派遣（はけん）した国が，もう１つあります。その国の名前を書きましょう。 （　　　　　　）

(4) (3)の国が貿易していた国を，次の㋐〜㋒から選んで記号を書きましょう。

㋐ 中国やスペイン　㋑ 中国や東南アジア　㋒ ポルトガル （　　）

(5) この時代，北海道で，ある藩がアイヌの人々と不公平な交易をして利益を独せんしていました。その藩の名前を書きましょう。 （　　　　　　）

3 次の地図とその説明文を読んで，あとの問題に答えましょう。

（１つ６点）

江戸時代の初めごろ，豊臣秀吉（とよとみひでよし）の侵略（しんりゃく）でとだえていたⒶ朝鮮との国交が回復されると，将軍がかわるたびにⒷこれを祝う使節が江戸に送られるようになりました。そして，この使節を通じて朝鮮や中国の文化が日本に伝わりました。また，[あ]からも，将軍や[あ]の国王がかわるたびに使節が送られるようになりました。さらに，[い]では，幕府（ばくふ）の許可を得た藩が，この地に昔から住んでいた人々との交易を行い，[う]では，幕府がオランダや中国と貿易を行っていました。

(1) 下線部Ⓐをなしとげた人物はだれですか （　　　　　　）

(2) 下線部Ⓑの使節を何といいますか。 （　　　　　　）

(3) 地図中の[あ]の国の名前を書きましょう。 （　　　　　　）

(4) [あ]の国は，17世紀（せいき）の初めに日本のある藩に支配されるようになりました。この藩の名前を，　　から選んで書きましょう。 （　　　　　　）

松前藩（まつまえ）　対馬藩　薩摩藩

(5) 地図中の[い]のある土地はこの時代に何とよばれていましたか。また，ここに昔から住んでいた人々を何といいますか。 地名（　　　　　　） 人々（　　　　の人々）

(6) [う]の都市名を書きましょう。 （　　　　　　）

36 江戸時代のくらし①

答え➡別冊解答8ページ

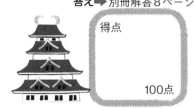

得点

100点

覚えよう　江戸時代の身分制度と農村のくらし

江戸時代の身分制度

身分	武士	百姓(農民)	町人(商人・職人)
住んだ場所	おもに城下町(武家地)	農村・山村・漁村など	おもに城下町(町人地)
仕事や役割など	政治を行い，苗字(名字)を名のることや刀を差すことを許された。	名主(庄屋)とよばれる有力者を中心に自ら村を運営。年貢(税)を納める。	商業・手工業・流通などの仕事を行い，町の整備費用も負担した。
全人口にしめる割合	7％	84〜85％	5〜6％

＊全人口にしめる割合は，江戸時代終わりごろの数値

- 江戸幕府は，人々の身分を武士・百姓・町人などに分けて厳しく支配した。
- 武士は城下町に集められ，町人もそこに住んだ。身分により住む場所が決められていた。
- 百姓・町人とは別に，身なりや住む場所などを厳しく差別された身分の人々もいた。
    └全人口の1.5〜1.6%。
  ➡差別を受けながらも年貢を納め，すぐれた技術を用いて人々の生活を支えた。

村人のくらし

- 幕府や藩は，百姓の日常生活をこまかなことまで取りしまった。
- 村内に5〜6けんを一組とした五人組をつくり，年貢を納めなかったり，罪を犯したりする
    └収かくの約50%。
  者が出ると共同で責任を取らせた。

1

次の表は，江戸時代の身分とそのようすをあらわしたものです。①〜⑤にあてはまることばを，　　　から選んで書きましょう。　　　（1つ7点）

身分	武士	①(　　　)(農民)	②(　　　)(商人・職人)
住んだ場所	おもに城下町(武家地)	農村・山村・漁村など	おもに城下町(町人地)
仕事や役割	おもに役人として政治を行う。③(　　　)を名のることや，刀を差すことを許された。	米などをつくり，④(　　　)を納めていた。⑤(　　　)(庄屋)とよばれる有力者を中心に自ら村を運営した。	商業・手工業・流通など，さまざまな仕事を行った。町の整備費用も負担していた。

百姓　　町人　　武士　　名主　　年貢　　苗字

2 右のグラフは，江戸時代の終わりごろの，身分ごとの人口の割合を示したものです。このグラフを見て，あとの問題に答えましょう。 （1つ5点）

(1) （①）と（②）にあてはまる身分を書きましょう。

①（　　　　） ②（　　　　）

百姓・町人とは別の身分とされていた人々1.5%

（　②　）

（　①　）85%　　　7%

町人 5%

公家・僧・神官など1.5%

(2) （②）の人々だけに許された特権を， から2つ選んで書きましょう。

（　　　　　　　　　　） （　　　　　　　　　　）

荘園を持つこと　　苗字を名のること　　刀を差すこと　　自由に国外に出ること

(3) 村で，（①）の人々5〜6けんを一組として，年貢を納めなかったり，罪を犯したりする者が出ると共同で責任を取らせた制度を何といいますか。（　　　　　）

(4) 商業や手工業，流通などの仕事をしていた人々の身分を何といいますか。グラフの中からことばをさがして書きましょう。（　　　　　）

3 次の文章を読んで，あとの問題に答えましょう。

（1つ7点）

江戸時代の社会は，さまざまな身分の人々に分かれていました。

百姓は，おもに米などの農産物をつくり，幕府や藩に税として納めていました。これを（　※　）といい，収かくしたうちの約半分にもなりました。幕府はこれを効率よく取りたてるため，名主（庄屋）を中心にまとまった村のしくみを利用しました。商人・職人は町人とよばれ，商業・手工業・流通に関係する仕事をしていました。

(1) （※）にあてはまることばを書きましょう。（　　　　　）

(2) 江戸時代の終わりごろの，人口の大部分をしめていた人々の身分を何といいますか。（　　　　　）

(3) 下線部について，幕府がつくらせた村内の組織を何といいますか。

（　　　　　）

(4) 身分制度の中で，武士だけに許されていたのは，刀を差すことと，何を名のることですか。（　　　　　）

(5) この時代の町人のくらしのようすについて，次の文の（　）にあてはまることばを， から選んで書きましょう。

町人は（　　　　　　　）に住んでいて，町の整備費用も負担していた。

農村　　漁村　　城下町

37 第4章 江戸幕府の政治

江戸時代のくらし②

答え➡別冊解答9ページ

得点

100点

覚えよう　商業の発達と都市のようす

商業の発達

●**道路整備**…**参勤交代**をすみやかに行わせるため。➡**五街道**の整備。**宿場町**の発達。

●**海上交通**…北海道・東北から江戸まで太平洋を通る**東まわり航路**，大阪まで日本海を通る**西まわり航路**。年貢米や特産物を運ぶ。

➡交通，流通が発展し，経済が活発になり，各地の文化が交流することになった。

●**農村**…新田開発など，生産を高めるくふう。

・新しい農具のとうみ，千歯こき，備中ぐわなどが使われるようになり生産性が高まる。

都市のようす

●**江戸**…政治や経済の中心地としてにぎわい「**将軍のおひざもと**」とよばれる。18世紀には人口が100万人をこえた。

●**大阪**…年貢米や地方の特産物が集められ，商業の中心地となり「**天下の台所**」とよばれた。

➡産業や商業が発展し，交通が整備されたため，都市がさかえ，商人が力をつけた。

新しい時代への動き

●**農村**…年貢の引き下げや，悪い役人をやめさせることを要求して**百姓一揆**を起こした。

●**都市**…生活に苦しむ人々が米などの値段をつりあげる商人に対して**打ちこわし**を行った。

➡**大塩平八郎**の乱➡もと幕府の役人。1837年，ききんで生活に苦しむ人々を救うため，大阪で反乱を起こした。多くの人たちが加わったが，計画は失敗におわった。

［地図凡例］
―――　五街道
┈┈┈　海上交通
↕　おもな関所

奥州街道　中山道　下諏訪　西まわり航路　松前　函館　青森　酒田　白河　日光　日光街道　下関　京都　甲府　江戸　東まわり航路　甲州街道　大阪　東海道

※京都から大阪までの京街道を東海道にふくめる考え方もあります。

---

1 次の問題の答えを，　　　から選んで書きましょう。

（1つ5点）

(1) 江戸時代に整備された，江戸を出発点とする5つの街道をまとめて何といいますか。　　　　　　（　　　　　　　）

(2) 江戸時代の海上交通のうち，北海道や東北の産物を日本海を通って運ぶ航路を何といいますか。　　　　　　（　　　　　　　）

(3) 年貢の引き下げなどを要求して，農民たちが起こした行動を何といいますか。　　　　　　（　　　　　　　）

(4) 江戸時代に，商業の中心地となった都市はどこですか。　（　　　　　　　）

大阪　　江戸　　西まわり航路　　五街道　　百姓一揆　　打ちこわし

② 右の地図を見て，あとの問題に答えましょう。

(1) 地図中のあ・いの都市名を書きましょう。また，それぞれ何とよばれていましたか。　　から選んで書きましょう。

あ (　　　　　) よび名 (　　　　　　　　)
い (　　　　　) よび名 (　　　　　　　　)

江戸　　大阪　　長崎　　京都　　天下の台所　　将軍のおひざもと

(2) 幕府の元役人で，ききんのえいきょうで苦しむ人々を救うために，19世紀の中ごろ，地図中のあで乱を起こした人物はだれですか。　　　(　　　　　　　　　　)

③ 次の文章を読んで，あとの問題に答えましょう。

> 江戸時代の農村では，農産物の生産を増やすため，Ⓐ稲穂からもみを落とす千歯こき，脱穀をするためのからさお，米ともみがらを分けるのに使うとうみなど，農作業を早く，楽に行うための農具が数多くつくられました。また，Ⓑ(　①　)や，あれ地の開こん作業を行ったり，用水路を整備したりしました。このように農業が発展すると，都市も栄えるようになり，商人が力をつけていきました。とくに大阪は，「天下の(　②　)」とよばれ，商業の中心地として栄えました。

(1) 下線部Ⓐの道具を，右の絵のあ～うから1つ選んで，記号を書きましょう。　　(　　　)

(2) 文中の(①)，(②)にあてはまることばを，　　からそれぞれ選んで書きましょう。

①(　　　　　) ②(　　　　　)

台所　　金庫　　新田開発　　公地公民

(3) 幕府や藩は下線部Ⓑの作業に積極的に取り組みました。その理由を，　　から選んで書きましょう。　　(　　　　　　　　　　　　)

百姓の力をおさえるため。　　年貢米をより多く得るため。　　商人の力をおさえるため。

(4) 江戸時代に，都市では生活に苦しむ人々が立ちあがり，役人や商人に対して行動を起こすようになりました。このような行動を何といいますか。

(　　　　　　　　　　)

答え➡別冊解答9ページ

38 江戸時代のくらし③

得点

100点

覚えよう　江戸時代の文化

大阪・京都・江戸の大都市で，活気あふれる**町人文化**が生まれ，しだいに地方の庶民や武士の間にも広がった。

江戸時代の芸能

● 歌舞伎…音楽やおどりを取り入れたしばい。江戸や大阪などの大都市で人気を集め，しばい小屋がつくられる。

● 近松門左衛門…「曽根崎心中」など多くの歌舞伎や人形浄瑠璃の作品を書く。力をつけてきた町人のいきいきとしたすがたや義理人情をえがいた。

▲歌舞伎を見る人々

新しい絵画

● 浮世絵…江戸時代の町人の風俗や風景を題材にした絵。版画の印刷技術が向上し，多色刷りで大量に印刷された。

● 歌川広重…「東海道五十三次」などの作品をえがいた。ゴッホなどの海外の画家にも大きなえいきょうをあたえた。

▲「東海道五十三次」品川のようす

---

1 次の表は，江戸時代の文化についてあらわしたものです。①〜④にあてはまることばや人の名前を，　　から選んで書きましょう。

（1つ7点）

江戸時代を代表する文化	①（　　　　　）…音楽やおどりを取り入れたしばい。	②（　　　　　）…町人の風俗や風景をえがいた絵。
代表的な人物	③（　　　　　）…①の多くの作品を書いた。	④（　　　　　）…海外の画家にも大きなえいきょうをあたえた。

歌川広重　　近松門左衛門　　浮世絵　　歌舞伎

2 江戸時代の中ごろの文化について次の問題に答えましょう。

（1つ8点）

(1) 右の絵でえがかれている街道
の名前を書きましょう。
（　　　　　　　）

(2) (1)のように，江戸時代の人々
や風景を題材にえがかれ，多色
刷りで印刷された絵を何といい
ますか。　（　　　　　　　）

(3) 江戸時代の中ごろから，大都
市のしばい小屋で演じられるよ
うになった，音楽やおどりを取り入れたしばいを何といいますか。　　　から選ん
で書きましょう。
（　　　　　　　）

きょうげん
狂言　　能　　歌舞伎

(4) (2)や(3)のような文化は，まず，どの身分の人々の間に広まりましたか。
（　　　　　　　）

3 次の文章を読んで，あとの問題に答えましょう。

（1つ8点）

> 　江戸時代の人々の楽しみの1つに，Ⓐ歌舞伎がありました。歌舞伎を行う
> （　①　）小屋は，都市や城下町につくられ，いつもにぎわいました。また，世
> の中のようすや美しい風景をえがいた（　②　）も多くのⒷ人気を集めました。
> 江戸時代の後半には，東海道のようすをえがいたⒸ「東海道五十三次」が，人々
> の人気を集めました。

(1) 文中の(①)，(②)にあてはまることばを書きましょう。
①（　　　　　　　）②（　　　　　　　）

(2) 下線部Ⓐについて，「曽根崎心中」など多くのすぐれた作品を書いた人物はだれ
ですか。　　　　　　　　　　　　　　　　　　（　　　　　　　）

(3) 下線部Ⓑの理由について，次の文の（　）にあてはまることばを，　　から選
んで書きましょう。

多色刷りで（　　　　　　　　　）
できるようになったから。

大量に印刷　　大量に手がき

(4) 下線部Ⓒをえがいた人物はだれですか。　　（　　　　　　　）

39 江戸時代のくらし④

覚えよう　江戸時代の学問

新しい学問

　江戸時代の前半は儒教の研究がさかんだった。後半になると蘭学や国学などの新しい学問が登
━━中国から伝わった古い教え。
場した。蘭学では，医学のほか，天文学，化学など，さまざまな学問がしょうかいされた。

学問	蘭学	国学
内容	オランダ語の書物を通じて，西洋の進んだ知識や技術を学ぶ学問。	「古事記」や「源氏物語」などの昔の書物を通じて日本人のものの考え方を研究する学問。
えいきょう	世界に対する関心が高まっていった。	幕府を批判する考えにえいきょうした。
代表的な人物	杉田玄白・前野良沢 仲間の医者とオランダ語の医学書を日本で初めてほん訳し，「解体新書」として出版した。	本居宣長 医者をしながら「古事記」や「源氏物語」の研究を続けた。「古事記伝」をあらわして国学を完成させた。

● 伊能忠敬…50才をすぎてから西洋の天文学や測量術を学ぶ。およそ17年かけて全国各地を測量
　し，**精密な日本地図**をつくった。

学問の広まり

● 寺子屋…町人の子どもたちが読み書き・そろばんを習うための学校。武士や僧が先生になった。

　➡やがて農村にも広がり，人々の間に学問のきそを行きわたらせた。

1　次の問題の答えを，　　から選んで書きましょう。

（1つ7点）

(1)　①，②はいずれも江戸時代の後半におこった新しい学問です。その名前を書きましょう。

　　①オランダ語の書物を通じて西洋の進んだ知識や技術を学ぶ学問。　（　　　　　　　）

　　②「古事記」や「源氏物語」などの昔の書物を通じて，日本人のものの考え方を研究

　　する学問。　　　　　　　　　　　　　　　　　　　　　　　　（　　　　　　　）

(2)　「古事記伝」をあらわした人物はだれですか。　　　　　　　（　　　　　　　）

(3)　杉田玄白や前野良沢が仲間の医者たちと，オランダの医学書をほん訳して出版

　　した書物は何ですか。　　　　　　　　　　　　　　　　　　（　　　　　　　）

(4)　西洋の天文学や測量術を学び，日本全国を測量して精密な日本地図をつくった人

　　物はだれですか。　　　　　　　　　　　　　　　　　　　　（　　　　　　　）

本居宣長　　伊能忠敬　　国学　　蘭学　　寺子屋　　解体新書

2 次の図は，江戸時代の学問についてあらわしたものです。この図を見て，あとの問題に答えましょう。

(1つ7点)

(1) 次の図の①～③にあてはまることばや人物の名前を，　　　からそれぞれ選んで書きましょう。

> 蘭学┬医学──①（　　　　　　　）・前野良沢──「解体新書」を出版
> 　　└天文学─伊能忠敬────────測量術も学び，精密な②（　　　　　　）を作成
> 国学────────本居宣長────③「（　　　　　　）」をあらわす

日本地図　　杉田玄白　　古事記伝

(2) 下線部の「解体新書」は，何語の本をほん訳したものですか。（　　　　語）

(3) 次の文の（　）にあてはまることばを，　　　から選んで書きましょう。

> 国学は，「古事記」や「源氏物語」などの昔の書物を通じて，
> （　　　　　　　　　　　　）を研究する学問である。

外国人のものの考え方　　日本人のものの考え方

3 次の文章を読んで，あとの問題に答えましょう。

(1つ5点)

> 江戸時代の後半になると，蘭学や国学などの新しい学問がおこりました。蘭学は西洋の知識や技術を学ぶ学問で，Ⓐ医学，Ⓑ天文学など，さまざまな分野の学問が日本にしょうかいされました。Ⓒ国学は，昔の書物を通じて日本人のものの考え方を明らかにする学問でした。また，このころ，町人や百姓の子どもたちのための学校である（　※　）が各地につくられ，人々の間に学問のきそが行きわたりました。

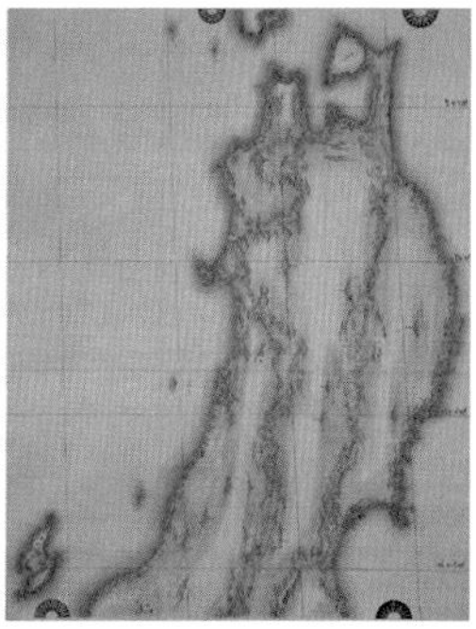

(1) 下線部Ⓐの学問の分野で活やくした杉田玄白・前野良沢らが出版した医学書を何といいますか。（　　　　　　）

(2) (1)の医学書のもとになった西洋の書物は何語で書かれていましたか。（　　　　語）

(3) 右の地図は，下線部Ⓑの天文学や測量術を学んだ人物がつくったものです。この人物はだれですか。（　　　　　　）

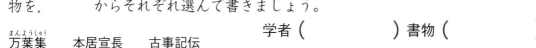

(4) 下線部Ⓒの学問を完成させた学者の名前と，あらわした書物を，　　　からそれぞれ選んで書きましょう。

学者（　　　　　）書物（　　　　　）

万葉集　　本居宣長　　古事記伝

(5) 文中の（※）では，武士や僧が先生となって，読み書きやそろばんを教えていました。この学校を何といいますか。（　　　　　　）

40 単元のまとめ

得点

100点

1 右の地図はある大名の参勤交代の経路を示しています。この地図を見て，あとの問題に答えましょう。

（1つ4点）

(1) 参勤交代の制度の説明として，次の文の（　）にあてはまることばを，　　から選んで書きましょう。

［ 領地と（　　　　　　　）に｜1年おきに住んだ。 ］　　京都　江戸

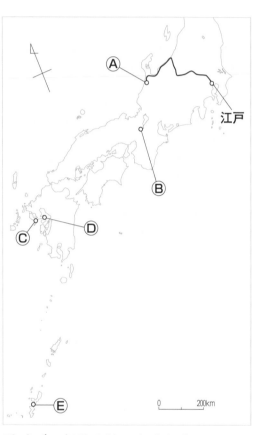

(2) 参勤交代の制度を幕府のきまりに付け加えた，江戸幕府の3代将軍はだれですか。

（　　　　　　　　）

(3) 地図中のⒶの大名は，関ヶ原の戦いの前後に幕府に従いました。このような大名を何といいますか。　（　　　　　　　）

(4) (3)とはちがい，古くからの家来だった大名を何といいますか。

（　　　　　　　　）

(5) (2)の人物はキリスト教の禁止をてっていし，日本と外国との貿易や交流を厳しく制限しました。江戸幕府のとったこのような対外関係のあり方を何といいますか。漢字2字で書きましょう。（　　　　　　　）

(6) 江戸幕府はオランダと中国に限って，ある場所での貿易を許可しました。それはどこですか。地図中のⒶ～Ⓔから1つ選んで記号を書きましょう。　（　　　）

(7) 地図中のⒹで，幕府によるキリスト教の禁止と重い年貢に反対した農民が起こした一揆を何といいますか。　（　　　　　　　）

(8) 幕府がキリスト教を禁止した理由について，（　）にあてはまることばを，　　から選んで書きましょう。

［ 信者がキリスト教の教えだけに従って，（　　　　　　　　　）を聞かなくなることをおそれたため。 ］　　幕府の命令　朝廷の命令　教会の命令

(9) 地図中のⒺの国は薩摩藩に支配され，国王や将軍がかわるたびに使節を江戸に派遣しました。この国を何といいますか。　（　　　　　　　）

2 次の文章を読んで，あとの問題に答えましょう。

(1つ7点)

> 　江戸時代の後半になると，外国の書物を通じて西洋の知識や技術を学ぶ（ ① ）がさかんになり，江戸で医者をしていた杉田玄白・前野良沢は仲間の医者たちとオランダの医学書をほん訳した書物を出版しました。また，昔の書物を通じて日本人のものの考え方を研究する（ ② ）もさかんになり，（ ③ ）は「古事記伝」をあらわしました。

(1) （①），（②）にあてはまる学問は何ですか。① （　　　　　　　）② （　　　　　　）

(2) 下線部の書物を何といいますか。　　　　　　　　　　　（　　　　　　　　）

(3) （③）の人物はだれですか。　　　　　　　　　　　　　　（　　　　　　　　）

3 右のグラフは，江戸時代の終わりごろの身分別の人口の割合を示しています。このグラフを見て，あとの問題に答えましょう。

(1つ4点)

(1) グラフの中のⒶ，Ⓑにあてはまる身
　分をそれぞれ書きましょう。

　Ⓐ （　　　　　）Ⓑ （　　　　　）

公家・僧・神官など1.5%
Ⓐ・町人とは別の身分とされていた人々1.5%

Ⓐ85%	Ⓑ 7%

町人 5%

(2) 江戸時代の中ごろから，幕府や藩は
　新田の開発を積極的に行いました。その理由を，　　　　から選んで書きましょう。

　　　　　　　　　　（　　　　　　　　　　　　　　）

百姓を働かせて力をおさえるため。　　年貢米を増やすため。

幕府に不満を持つ武士を働かせるため。

(3) 江戸時代に栄えた都市の中で，商業が発達し「天下の台所」といわれた都市はどこですか。　　　　　　　　　　　　　　　　　　　　（　　　　　　）

(4) (3)の都市に，おもに北海道や東北の生産物を運んだ航路を何といいますか。

　　　　　　　　　　　　　　　　　　　　（　　　　　航路）

(5) 江戸時代の初めごろに，幕府が整備した5つの街道のうち，江戸から京都や(3)の
　都市に向かう街道を2つ書きましょう。　（　　　　道）（　　　　道）

(6) 江戸時代は，町人が力をつけ，産業や文化を発達させました。下の絵にえがかれ
　ている，人々の間で人気があったしばいを何といいますか。（　　　　　）

(7) 江戸時代に流行した，町人たちの身
　近な関心事が生き生きとえがかれてい
　る絵を何といいますか。

　　　　（　　　　　　　）

答え➡別冊解答10ページ

41

新しい国をつくる①

得点

100点

覚えよう　黒船の来航と開国

ペリーの来航と2つの条約

　19世紀半ばから，外国の使節が次々と日本にやってきて，江戸幕府に鎖国をやめて，開国することを求めるようになった。

年	アメリカの動き	幕府の対応
1853	ペリーが，4せきの軍艦（黒船）を率いて浦賀（神奈川県）に来航	→幕府は開国を求めるアメリカ大統領の手紙を受け取るが，返事を保留した
1854	ペリーが，7せきの軍艦で横浜（神奈川県）に来航	→アメリカの武力をおそれた幕府は日米和親条約を結ぶ
1858	アメリカが，貿易を行うよう強く求める	→日米修好通商条約を結ぶ →日本にとって不平等な条約だった。 ※貿易が始まると，国内の物価が上がり，人々の生活が苦しくなった。

鎖国の終わり

①日米和親条約…函館・下田を開港。

②日米修好通商条約…函館・横浜・
→オランダ・ロシア・イギリス・フランスとも結ぶ。
新潟・神戸・長崎を開港し，貿易が始まった。不平等な条約だった。

→2つの条約が結ばれ，200年以上続いた鎖国が終わった。

2つの条約で開かれた港
- ▢ 日米和親条約での開港地
- ▢ 日米修好通商条約での開港地

長崎　神戸　新潟　函館　函館　横浜　下田

---

1 次の問題の答えを，　　から選んで書きましょう。

（1つ6点）

(1) 1853年に4せきの軍艦を率いて浦賀に来航し，幕府に開国を求めたのはだれですか。　（　　　　　）

(2) (1)の人物が2度目に日本に来たときに，幕府とアメリカが結んだ条約を何といいますか。　（　　　　　）

(3) (2)の条約を結んだときに，幕府が開港した港を2つ書きましょう。　（　　　　　）（　　　　　）

(4) アメリカが貿易を行うよう強く求めてきた結果，1858年に幕府とアメリカが結んだ条約を何といいますか。　（　　　　　）

ペリー　日米和親条約　日米修好通商条約　函館　横浜　神戸　下田

② 右の地図を見て，あとの問題に答えましょう。

（1つ7点）

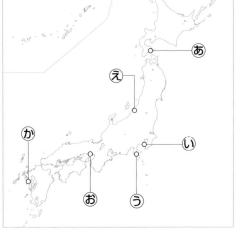

(1) 1854年に7せきの軍艦を率いてペリーが
来航した港を，地図中のあ～かから1つ選ん
で，記号を書きましょう。　（　　　）

(2) あ，うの港が開かれたのは，幕府がアメリ
カと結んだ何という条約のあとですか。
（　　　　　　　　　）

(3) (2)の4年後に，あいえおかの港が開かれた
のは，幕府がアメリカと結んだ何という条約
のあとですか。　（　　　　　　　）

(4) (3)の条約で開かれた港のうち，鎖国中にも
一部の国に開かれていた港を，地図中のあ～かから1つ選んで，記号を書きましょ
う。また，開港地の名前を書きましょう。　記号（　　　）名前（　　　　　）

③ 次の文章を読んで，あとの問題に答えましょう。

（1つ5点）

> 江戸幕府が続けてきた（　①　）は，19世紀半ばに（　②　）の使節がやってき
> たことがきっかけでくずれ始めます。まず，ペリーが浦賀に4せきの軍艦を率い
> て来航し，開国をせまりました。ペリーは翌年にも，今度は7せきの軍艦を率い
> てやってきました。1度目は態度を保留していた幕府も，ついにⒶ日米和親条約
> を結び，2つの港を開きました。さらに4年後にはⒷ通商を認める条約を結び，
> ついに江戸幕府の（　①　）は終わりをつげました。

(1) 文中の（①）は，江戸幕府が200年以上，外国に対して行ってきた政策です。この
政策を何といいますか。漢字2字で書きましょう。　（　　　　　）

(2) （②）にあてはまる国の名前を書きましょう。　（　　　　　）

(3) 下線部Ⓐの条約を結んだときに開いた2つの港の名前を書きましょう。
（　　　　　）（　　　　　）

(4) 下線部Ⓑの条約を何といいますか。　（　　　　　）

(5) 下線部Ⓑの条約により，いくつの港を開きましたか。数字を書きましょう。
（　　　　　）

(6) 下線部Ⓑはどのような条約でしたか。次の文の（　）にあてはまることばを
　から選んで書きましょう。

> 日本に関税自主権がなく，領事裁判権を認めた
> （　　　　　）な条約だった。

平等　　不平等

答え➡別冊解答10ページ

得点

100点

42 新しい国をつくる②

覚えよう　武士の時代の終わり

江戸幕府の終わり

開国後，力がおとろえた江戸幕府にかわる，新しい政治のしくみをつくろうとする動きが強まった。➡薩摩藩や長州藩の若い武士が中心となって進めた。

長州藩（山口県）
●木戸孝允

薩摩藩（鹿児島県）
●西郷隆盛

●大久保利通

同盟を結ぶ

はじめは，外国を追いはらおうとしたが，外国の強大さを感じた。

↓

協力して江戸幕府をたおし，天皇を中心とした新しい政府をつくることをめざす。

土佐藩（高知県）出身の坂本竜馬（龍馬）らが，長州藩と薩摩藩に同盟をすすめる。

江戸幕府
●徳川慶喜（15代将軍）
政権を朝廷に返す。

➡約260年間続いた江戸幕府が，1867年にほろぶ。
➡旧幕府軍と新政府軍で戦いが起きる。

●勝海舟
1868年，旧幕府側の代表として新政府代表の西郷隆盛と会見し，江戸城開城を決定，江戸攻撃を中止させる。

➡その後，新政府軍が勝利する。

1 次の問題の答えを，　　から選んで書きましょう。

（1つ6点）

(1) 江戸幕府をたおす中心となった2つの藩は，薩摩藩と何藩ですか。
（　　　　　　　　）

(2) 薩摩藩と(1)の藩の同盟をすすめたのはだれですか。　（　　　　　　　　）

(3) 江戸幕府の最後の将軍で，1867年に政権を朝廷に返したのはだれですか。
（　　　　　　　　）

(4) 1868年に江戸城の開城を話し合ったとき，旧幕府側の代表をつとめたのはだれですか。
（　　　　　　　　）

(5) (4)の話し合いのとき，新政府の代表はだれでしたか。　（　　　　　　　　）

徳川慶喜　　勝海舟　　坂本竜馬　　長州藩　　西郷隆盛　　木戸孝允

2 右の地図を見て，あとの問題に答えましょう。

(1つ5点)

(1) 次の①～③の人物は，どこの藩の出身ですか。地図中からそれぞれ選んで藩の名前を書きましょう。

①木戸孝允――――（　　　　藩）
②大久保利通
　おおくぼとしみち
　西郷隆盛　　　　　（　　　　藩）
③坂本竜馬――――（　　　　藩）

(2) 幕府があった，地図中の**あ**の城_{しろ}の名前を書きましょう。
（　　　　　　）

地図：
長州藩（山口県）
あ
土佐藩（高知県）
薩摩藩（鹿児島県）
0　　200km

(3) 地図中の**あ**の城の明けわたしについて，話し合った2人の人物の名前を書きましょう。
（　　　　　）（　　　　　　）

(4) 坂本竜馬のすすめによって同盟を結んだ藩は，どことどこですか。地図中から2つ選んで藩の名前を書きましょう。　（　　　　藩）（　　　　藩）

3 次の文章を読んで，あとの問題に答えましょう。

(1つ5点)

　鎖国_{さこく}が終わって外国との貿易が始まると，国内の品物が不足して物の値段_{ねだん}が上がったため，「世直し_{よなおし}」を求める運動がさかんになりました。また，力がおとろえた幕府にかわってⒶ新しい政府をつくろうという動きが活発になり，ついには幕府をたおす運動の中心であった（　①　）らの長州藩と，西郷隆盛や（　②　）らの薩摩藩がⒷ同盟を結びました。その結果，第15代将軍の（　③　）は政権を朝廷に返し，約260年間続いた江戸幕府による政治は終わりました。

(1) (①)～(③)にあてはまる人物名を，　　　　からそれぞれ選んで書きましょう。
①（　　　　　　）②（　　　　　　）③（　　　　　　）

大久保利通　　木戸孝允　　勝海舟　　徳川慶喜　　徳川家光_{いえみつ}

(2) 下線部Ⓐの新しい政府はどのような政府でしたか。　　　　から選んで書きましょう。
（　　　　　　　）

武士中心の政府　　農民中心の政府　　町人_{ちょうにん}中心の政府　　天皇_{てんのう}中心の政府

(3) 下線部Ⓑをはたらきかけた中心人物はだれですか。（　　　　　　）

(4) (3)の人物はどこの出身ですか。現在の県名で答えましょう。（　　　県）

43 新しい国をつくる③

答え➡別冊解答10ページ

得点

100点

覚えよう　新政府の誕生と改革

新政府の誕生

　薩摩藩や長州藩の下級武士が中心となって新政府をつくり，1868年（明治元年），明治天皇の名で新政府の基本方針である五箇条の御誓文を示した。また，江戸を**東京**とし，年号を明治と改め，翌年には東京を首都と定めた。

➡明治初めの政治や社会の改革を，**明治維新**という。新政府は，ヨーロッパなどの西洋を手本として，天皇中心の新しい国づくりをめざした。

●**廃藩置県**…藩を廃止して全国に府や県を置き，中央から府知事や県令を派遣した（1871年）。

➡新政府の方針が全国に行きわたるようになった。

●**四民平等**…江戸時代の身分制度を改め，皇族以外はすべて国民は平等であると認めた。

| 新しい身分 | ➡ | 皇族（天皇の一族），華族（貴族や大名），士族（武士），平民（町人や百姓） |

士族…約6%。

平民…全人口の大部分をしめた。

●「**解放令**」…長い間差別されてきた人々を平民として認めた（1871年）が，その後も差別は続いた。

> **五箇条の御誓文**
> 一，政治は，広く会議を開いてみんなの意見を聞いて決めよう。
> 一，国民が心を合わせて，国の勢いをさかんにしよう。
> 一，国民一人一人の願いがかなう世の中にしよう。
> 一，これまでのよくないしきたりを改めて，道理に合うやり方にしよう。
> 一，知識を世界から学んで，天皇中心の国家をさかんにしよう。

---

1 次の問題の答えを，　　　から選んで書きましょう。

（1つ7点）

(1) 1868年に，江戸幕府にかわる新しい政府が示した基本方針を何といいますか。

（　　　　　　　　　）

(2) 新政府が，藩を廃止して全国に府や県を置き，各府県に政府の役人を派遣した改革を何といいますか。

（　　　　　　　　　）

(3) 江戸時代の身分制度を改め，すべての国民は平等であると認めたことを何といいますか。

（　　　　　　　　　）

(4) (3)によって，江戸時代に町人や百姓だった人々は，何とよばれるようになりましたか。

（　　　　　　　　　）

(5) (2)や(3)のように，天皇中心の国づくりをめざして，新政府が行った政治や社会の改革を何といいますか。

（　　　　　　　　　）

明治維新　　四民平等　　廃藩置県　　五箇条の御誓文　　平民　　士族

2 右のグラフは，明治時代初めの，身分ごとの人口の割合を示したものです。このグラフを見て，あとの問題に答えましょう。

(1つ5点)

(1) 右のグラフの（①）・（②）にあてはまる身分をそれぞれ書きましょう。

皇族・華族・僧など 0.9%
（②）5.5%
（①）93.6%

① （　　　　　　　）
② （　　　　　　　）

(2) （②）の人々は，江戸時代は何という身分でしたか。　　　（　　　　　　　）

(3) 江戸時代の武士や百姓，町人，そのほかの差別された身分の人々は，すべて平等であるとされました。このことを何といいますか。　　　（　　　　　　　）

(4) (3)が発表された年には，廃藩置県が全国的に行われました。このとき藩のかわりに置かれたのは何と何ですか。　　　から2つ選んで書きましょう。

（　　　　）（　　　　）

都　道　府　県

3 次の資料を見て，あとの問題に答えましょう。

(1つ7点)

一，政治は，広く会議を開いてみんなの意見を聞いて決めよう。
一，国民が心を合わせて，国の勢いをさかんにしよう。
一，国民一人一人の願いがかなう世の中にしよう。
一，これまでの⑧よくないしきたりを改めて，道理に合うやり方にしよう。
一，知識を世界から学んで，（　①　）中心の国家をさかんにしよう。

(1) 上の資料は，明治時代初めの新政府が基本方針をあらわしたものです。この方針を何といいますか。　　　（　　　　　　　）

(2) 資料中の（①）にあてはまることばを書きましょう。　　　（　　　　　　　）

(3) 新しい政府は，下線部⑧の方針で多くの改革を行いました。この中で，全国にある藩を廃止し，新たに県や府を置いた改革を何といいますか。

（　　　　　　　）

(4) 新しい政府は，四民平等を打ちだしました。その内容について，次の文の（　）にあてはまることばを，　　　から選んで書きましょう。

〔　江戸時代の身分制度を改めて，（　　　　　　　　　　　）は平等であるとした。〕

すべての国民　　すべての県と府　　すべての政府

(5) 新政府のもとで，新しく設けられた4つの身分の中で，最も人口が多かった身分は何ですか。　　　（　　　　　　　）

44 新しい国をつくる④

覚えよう　新政府の改革（かいかく）〜富国強兵（ふこくきょうへい）

富国強兵

1871年（明治（めいじ）4年），岩倉具視（いわくらともみ）の使節団が欧米（おうべい）の国々を視察（しさつ）し，新しい国づくりの知識を得て1873年に帰国。政府は，国の制度を整えて欧米に負けない強い国にするために富国強兵という政策（せいさく）を行った。

● 地租改正（ちそかいせい）…全国を測量して土地の値段（ねだん）（地価）を決め，その3％を税（地租）として現金で納（おさ）めさせた。(1873年)

→国の収入（しゅうにゅう）を安定させるため。

● 徴兵令（ちょうへいれい）…20才以上のすべての男子に，身体検査を受けて，3年間，軍隊に入ることを義務づけた。(1873年)

→近代的で強力な軍隊をつくるため。

● 官営工場（かんえいこうじょう）の設立…外国から機械を買い入れ，外国人技師を招き，国の費用で各地に工場をつくらせた。（殖産興業（しょくさんこうぎょう））

→近代的な工業をさかんにするため。

● 富岡製糸場（とみおかせいしじょう）…近代的な製糸工場として，1872年に完成した官営工場。全国から集まった女性（華族（かぞく）・士族（しぞく）などの子女）の労働者が，フランス人技師のもとで働いた。

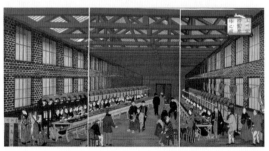

▲富岡製糸場（群馬県）

● 学制（がくせい）…全国に小学校を建てて，6才以上の男女すべてを小学校に通わせることを義務づけた。(1872年)

→近代的な国になるには，国民の教育が大切と考えたため。

---

1 次の問題の答えを，　　から選んで書きましょう。

（1つ8点）

(1) 新政府が国の制度を整え，欧米（おうべい）に負けない強い国にするために行った政策（せいさく）のことを何といいますか。　　　　　　　　（　　　　　　　）

(2) 租税（そぜい）制度が整えられ，全国を測量して土地の値段（ねだん）を決め，その3％を税として現金で納（おさ）めさせるようにしました。これを何といいますか。　（　　　　　　　）

(3) すべての20才以上の男子に，3年間，軍隊に入ることを義務づけた法律（ほうりつ）を何といいますか。　　　　　　　　　　　　　（　　　　　　　）

(4) 近代的な工業をさかんにするために，国が各地につくった工場を何といいますか。
　　　　　　　　　　　　　　　　　　　　　　　　（　　　　　　　）

(5) 1872年，政府がつくった義務教育の制度を何といいますか。　（　　　　　　　）

富国強兵（ふこくきょうへい）　官営工場（かんえいこうじょう）　学制（がくせい）　地租改正（ちそかいせい）　徴兵令（ちょうへいれい）

② 右の絵は，1872年に完成した製糸工場のようすをあらわしています。この絵を見て，あとの問題に答えましょう。
(1つ8点)

(1) 右の絵の製糸工場の名前を書きましょう。　　　　（　　　　　　　　）

(2) (1)の製糸工場で働いたのは，どんな人々ですか。次の文の（　）にあてはまることばを，　　　から選んで書きましょう。

[日本各地から集まった（　　　　　　　　）。]

フランス人　　女性　　高齢者

(3) 右の絵の製糸工場のように，国の費用でつくられた工場を何といいますか。
（　　　　　　　　）

③ 次の文章を読んで，あとの問題に答えましょう。
(1つ6点)

　1871年に欧米を視察する使節団が派遣され，その報告を受けた政府は，Ⓐ国の制度を整えて欧米に負けない強い国をつくるための改革を始めました。1872年には，義務教育の制度のきそをつくり，全国に（　①　）を建て，6才以上の子どもを通わせることにしました。1873年には，強力な軍隊をつくるために徴兵令を出して，（　②　）才以上のすべての男子に身体検査を受けさせ，軍隊に入ることを義務づけました。同じ年には，国の収入を安定させるためにⒷ地租改正も行いました。

(1) 下線部Ⓐの政策を何といいますか。　　　から選んで書きましょう。

廃藩置県　　富国強兵　　四民平等
（　　　　　　　　）

(2) 文中の（①），（②）にあてはまることばや数字を書きましょう。
①（　　　　　）②（　　　　　）

(3) (1)の政策の1つとして，政府は産業をさかんにするために，外国から機械を買い，技師を招いて，国の費用で工場をつくりました。これらの工場のことを何といいますか。
（　　　　　　　　）

(4) (3)の代表的な工場で，現在の群馬県につくられた近代的な製糸工場を何といいますか。
（　　　　　　　　）

(5) 下線部Ⓑの制度について，次の文の（　）にあてはまることばを，　　　から選んで書きましょう。

[全国を測量して土地の値段を決め，その（　　　　　　　）を税として納めさせた。]

1%　　3%　　5%

45 新しい国をつくる⑤

得点

100点

覚えよう　文明開化とくらしの変化

- 文明開化…西洋の文化を積極的に取り入れた結果としておこった，世の中の大きな変化。
  - ➡東京，横浜，大阪などの大きな都市を中心に，西洋風のくらしが広がり，近代的な考え方や学問が生まれた。
    - ↳洋服を着る，牛肉やパンを食べるなど。
- 福沢諭吉…幕府の使節団の一員として欧米に行き，自由や権利の大切さを学んだ。教育に力を入れながら，「学問のすゝめ」などの多くの本をあらわし，新しい考え方をしょうかいした。
- 渋沢栄一…日本の最初の銀行設立や，約500の会社設立にたずさわった。

年	おもなできごと
1869	公衆電報が始まる（東京〜横浜）
1870	人力車の営業が始まる
	日刊新聞が発行される
1871	郵便制度が始まる
1872	鉄道が開通する（新橋〜横浜）
	横浜でガス灯が点灯
	太陽暦を取り入れる ↳現在の暦（こよみ）
1877	東京の銀座にれんが街が完成
1890	電話が開通する

▲文明開化のころの東京（銀座）のようす

（ガス灯／洋服を着た人／乗合馬車／れんが造りの建物／人力車）

▲福沢諭吉

1 次の問題の答えを，　　から選んで書きましょう。

（1つ5点）

(1) 右の絵は，明治の初めごろの東京のようすです。このころにおきた西洋風の文化への変化を何といいますか。（　　　）

(2) ①〜④にあてはまることばを書きましょう。
　①（　　　）②（　　　）
　③（　　　）④（　　　）

(3) このころに福沢諭吉があらわした，人間の平等や学問の大切さを説いた本の名前を書きましょう。（　　　）

れんが　人力　ガス灯　乗合馬車　大化の改新　学問のすゝめ　文明開化

2

右の年表は，明治時代の文明開化のようすをあらわしています。この年表を見て，あとの問題に答えましょう。 （1つ8点）

年	おもなできごと
1870	人力車（じんりきしゃ）の営業が始まる
	日刊の新聞が発行される
1871	（①）が始まる
1872	（②）が開通する
	横浜（よこはま）でガス灯が点灯
	「学問のすゝめ（す）」刊行開始
1877	東京の銀座（ぎんざ）にれんが街が完成

(1)　年表中の（①）は，通信に関する，ある制度を示しています。この制度は何ですか。　　から選んで書きましょう。

（　　　　　）

電話制度　　郵便（ゆうびん）制度　　宅配便（たくはいびん）制度

(2)　（②）にあてはまる交通機関を書きましょう。　（　　　　　）

(3)　（②）は，東京の新橋（しんばし）とどこをむすんでいましたか。都市の名前を書きましょう。

（　　　　　）

(4)　文明開化は，どのような文化のえいきょうを強く受けたためにおこりましたか。　　から選んで書きましょう。　（　　　　　）

日本の伝統文化　　中国（ちゅうごく）の文化　　西洋の文化

(5)　下線部の本を書いた人物はだれですか。　（　　　　　）

3

次の文章を読んで，あとの問題に答えましょう。 （1つ5点）

　　政府が西洋の技術や制度を積極的に取り入れるようになると，人々の間にも西洋の文化がしょうかいされるようになりました。その結果，Ⓐ大きな都市では人々のくらしが大きく変わり始めました。西洋風の髪型（かみがた）や洋服が流行し，Ⓑ交通・通信の分野も大きく発達しました。また，Ⓒ近代的な考え方や学問も生まれました。

(1)　下線部Ⓐのような大きな変化を何といいますか。　（　　　　　）

(2)　(1)の変化が早くおこった都市で，最初にガス灯が点灯し，鉄道が開通した都市の名前を書きましょう。　（　　　　　）

(3)　下線部Ⓑにあてはまるものを，　　から2つ選んで書きましょう。

（　　　　　）（　　　　　）

郵便制度　　五街道（ごかいどう）　　西まわり航路　　鉄道

(4)　下線部Ⓒに関して，西洋の新しい考え方などをしょうかいした，右の人物はだれですか。また，人間の平等や学問の大切さを説くなどの考え方を示したこの人物の書名を何といいますか。

人物（　　　　　）書名（　　　　　）

答え➡別冊解答10ページ

46 新しい国をつくる⑥

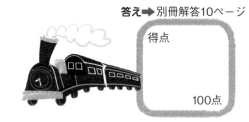

得点

100点

覚えよう　士族の反乱と自由民権運動

政府の改革に不満を持つ人々の動き

①板垣退助の意見書（1874年＝明治7年）

国会を開き，広く国民の意見を聞いて政治を進めるべきだという意見書を政府に提出した。

②西南戦争（1877年）

西郷隆盛を指導者として，鹿児島の士族が起こした反乱。**徴兵令**によって集められた新政府の軍隊にしずめられた。

③**西南戦争**のあと，武力による反乱はなくなり，政府への不満を言論でうったえるようになる。国民の自由や，政治に参加する権利を求める運動を**自由民権運動**という。

④政府はこの運動を厳しく取りしまったが，1880年に自由民権運動の代表者が国会開設を政府に求めた。翌年，政府は1890年に**国会(議会)**を開くことを国民に約束した。

➡板垣退助は**自由党**，大隈重信は**立憲改進党**という<u>政党</u>をつくり，国会の開設に備えた。

　　　　　　　　　　　　　　　　　　　　↳政治的な目的を実現するための団体。

板垣退助

土佐藩（高知県）出身。新政府の役人だったが，大久保利通らと対立し，政府をはなれて，**自由民権運動**をすすめた。

大隈重信

佐賀藩（佐賀県）出身。新政府の役職をはなれて，立憲改進党を結成。のちに内閣総理大臣となった。

1 次の問題の答えを，　　から選んで書きましょう。

(1つ7点)

(1) 西郷隆盛を指導者とした鹿児島の士族が起こした反乱を何といいますか。

（　　　　　　　　）

(2) 国民の自由や，政治に参加する権利を求める運動を何といいますか。

（　　　　　　　　）

(3) (2)の運動をすすめ，自由党という政党をつくったのはだれですか。

（　　　　　　　　）

(4) (2)の運動をすすめ，立憲改進党をつくったのはだれですか。

（　　　　　　　　）

(5) (2)の運動で，政府に対して何を開設することが求められましたか。　（　　　　　　　　）

大隈重信　　板垣退助　　西南戦争　　西郷隆盛　　国会　　自由民権運動

2 右の写真の人物は，どちらも国民が政治に参加する権利を求める運動をすすめました。この写真を見て，あとの問題に答えましょう。 （1つ7点）

(1) Ⓐらが，薩摩藩や長州藩出身の人間が中心となった明治政府の政治を批判し，国民の政治に参加する権利を求めて起こした運動を何といいますか。　（　　　　　　　　）

Ⓐ

(2) (1)の運動で，開設することが求められた国の機関は何ですか。その名前を書きましょう。　（　　　　　　　　）

(3) Ⓑの人物名を書きましょう。　（　　　　　　　　）

(4) (2)の開設に備えて，Ⓐがつくった政党とⒷがつくった政党を，　　　　から1つずつ選んで書きましょう。
Ⓐ（　　　　　　　）Ⓑ（　　　　　　　）

Ⓑ

自由党　　自民党　　立憲改進党

---

3 次の文章を読んで，あとの問題に答えましょう。
（1つ5点）

> 新しい政府の改革によって収入を失った士族は，Ⓐ各地で政府に対して反乱を起こしましたが，いずれもⒷ軍隊によってしずめられ，以後は武力ではなく，言論によって政府にうったえる運動がさかんになりました。
> 1874年，土佐藩出身の（　①　）は，政府に（　②　）の開設を求める意見書を出し，さらに各地で演説会を行いました。政府はこれを厳しく取りしまりましたが，この運動を止めることはできず，1881年に，Ⓒ（　②　）を1890年に開くことを約束しました。

(1) 下線部Ⓐの反乱のうちで，西郷隆盛らの鹿児島の士族が起こした反乱を何といいますか。　（　　　　　　　　）

(2) 下線部Ⓑの軍隊は，1873年に定められた法律によってつくられました。この法律の名前を書きましょう。　（　　　　　　　　）

(3) 文中の（①）にあてはまる人名と，（②）にあてはまることばを書きましょう。
①（　　　　　　　）②（　　　　　　　）

(4) （①）の人物は，下線部Ⓒに備えて政党をつくりました。この政党の名前を書きましょう。　（　　　　　　　　）

(5) （①）の人物と同じように，下線部Ⓒに備えて立憲改進党をつくった人物はだれですか。　（　　　　　　　　）

答え➡別冊解答11ページ

47 新しい国をつくる⑦

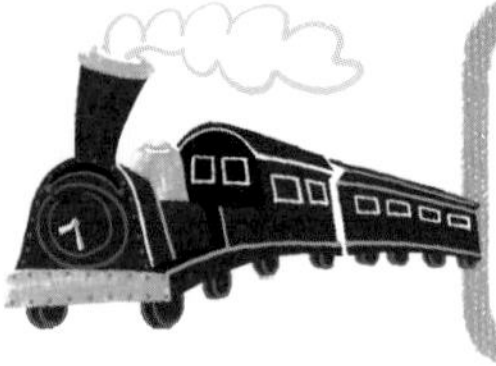

得点

100点

覚えよう　憲法の制定と国会の開設

憲法の制定

国会の開設に備え，さまざまな立場の人々が，新しい政治のもととなる憲法の案を発表した。また，政府の伊藤博文は，ヨーロッパに行き，皇帝の権力が強いドイツの憲法を学んで帰国。

伊藤博文は，1885年（明治18年）に内閣制度をつくり，明治天皇から初代の内閣総理大臣に任命され，憲法づくりを進めた。

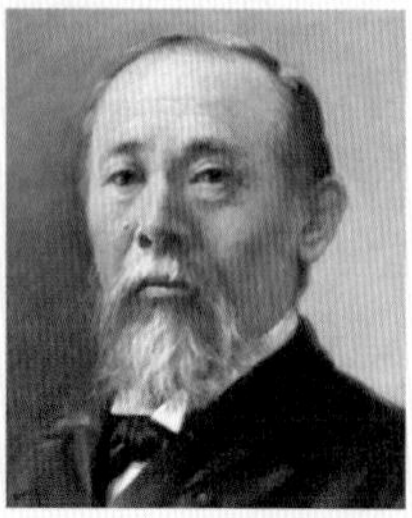

▲伊藤博文

大日本帝国憲法

1889年に，天皇が国民にあたえるというかたちで，大日本帝国憲法が発布された。

- 天皇が**主権**を持ち，軍隊の統率などができた。
  - ↳国を治める最高の権力。
- 国民の権利は法律の範囲内で認められた。

帝国議会（国会）の開設

1890年に憲法にもとづく最初の衆議院議員選挙が行われ，第１回の帝国議会が開かれた。

- 貴族院と衆議院の二院制

  衆議院議員のみ選挙によって選ばれた。

  ➡**選挙権**は，**15円以上の税金**を納める**25才以上の男子**のみにあたえられた。
  - ↳選挙で投票できる権利。
- 貴族院議員は，皇族・華族などから天皇が選んだ。

大日本帝国憲法（一部）

第１条	日本は永久に続く同じ家系の天皇が治める。
第３条	天皇は神のように尊いものである。
第５条	天皇は議会の協力で法律をつくる。
第11条	天皇は陸海軍を統率する。
第29条	国民は法律の範囲内で言論・集会・結社の自由を持つ。

1　次の問題の答えを，　　　から選んで書きましょう。

（１つ７点）

(1)　初代の内閣総理大臣に任命されたのはだれですか。（　　　　）

(2)　1889年に，明治天皇が国民にあたえるというかたちで発布された憲法は何ですか。（　　　　）

(3)　(2)の憲法はどの国の憲法を手本にしてつくられましたか。（　　　　）

(4)　(2)の憲法が発布された翌年に開かれた議会を何といいますか。（　　　　）

(5)　(4)の議会は２つの議院からなりたっていました。衆議院とあと１つは何ですか。（　　　　）

大日本帝国憲法　　帝国議会　　参議院　　貴族院　　ドイツ　　伊藤博文

2 右の写真の人物は，明治時代に活やくした人物です。この写真を見て，あとの問題に答えましょう。

(1つ5点)

(1) 写真の人物が，1885年につくった行政制度を何といいますか。

(　　　　　制度)

(2) 写真の人物を中心につくられ，1889年に発布された憲法を何といいますか。 (　　　　　　　)

(3) (2)の憲法で主権を持つとされたのはだれですか。

(　　　　　　　)

(4) (2)の憲法が発布された翌年，帝国議会が開かれました。この議会の中で選挙で議員が選ばれたのは，貴族院と衆議院のうちのどちらですか。

(　　　　　　　)

(5) 日本で最初に選挙が行われたとき，選挙権はどのような人にあたえられていましたか。次の文の(　)に正しい数字を書きましょう。

[Ⓐ (　　　　　) 円以上の税金を納めたⒷ (　　　　　) オ以上の男子のみ。]

3 右の資料を見て，あとの問題に答えましょう。

(1つ5点)

(1) 右の資料はある憲法の一部です。この憲法の名前を書きましょう。

(　　　　　　　)

(2) (※)に共通してあてはまることばを書きましょう。 (　　　　　　　)

(3) この憲法を，中心になって作成したのはだれですか。 (　　　　　　　)

(4) (3)の人物は，皇帝の権力が強いある国の憲法を手本としました。その国の名前を書きましょう。 (　　　　　　　)

第1条　日本は永久に続く同じ家系の(※)が治める。
第3条　(※)は神のように尊いものである。
第5条　(※)は議会の協力で法律をつくる。
第11条　(※)は陸海軍を統率する。
第29条　国民は，法律の範囲内で言論・集会・結社の自由を持つ。

(5) (3)の人物は内閣の制度もつくり，その内閣で，ある役職に任命されました。この役職とは何ですか。

(　　　　　　　)

(6) 下線部は，1890年に開設されました。この議会を何といいますか。

(　　　　　　　)

(7) (6)の議会は，貴族院と衆議院の2つによって構成されていました。議員が皇族や華族から選ばれていたのはどちらですか。

(　　　　　　　)

48

答え➡別冊解答11ページ

条約改正と2つの戦争①

得点

100点

覚えよう　日清戦争

日清戦争の流れ

①19世紀末，欧米の国々は軍事力を背景に資源や市場を求めてアジアに進出し始める。

②日本は，朝鮮に不平等な条約をおしつけた。

　→朝鮮に大きなえいきょう力を持つ中国（清）と対立。

③国内の改革と外国勢力の立ち退きを求めて，朝鮮国内で反乱が起きた。(1894年＝明治27年)

　→清…朝鮮政府に反乱をしずめるための援軍を出す。

　　日本…清に対こうして朝鮮に出兵した。

④日清戦争が始まった。(1894年)

　→近代的な軍隊を備えた日本が勝利。

　・台湾などを日本の領土とした。

　・清は日本に多額の賠償金を支はらった。

　・清に朝鮮の独立を認めさせた。

　→日本が進出しやすくするため。

⑤1895年，ロシアは，ドイツ，フランスとともに，日本が得た領土の一部を清に返すように要求した。

⑥ロシアの武力をおそれた日本は領土の一部を清に返す。

　→以後，日本とロシアの対立が深まった。

▲朝鮮をめぐる日本と清，ロシアの関係を風ししした絵

▲日清戦争の戦場　※「リアオトン半島」または「リヤオトン半島」と表記することがあります。

1　次の問題の答えを，　　から選んで書きましょう。

(1つ6点)

(1) 明治の初めに，日本が勢力をのばそうとして，不平等な条約をおしつけた国はどこですか。　　　　　　　　　　　（　　　　　　　）

(2) (1)の国内で起こった反乱をしずめるために援軍を出したアジアの国はどこですか。
（　　　　　　　）

(3) 1894年に日本が(2)の国と始めた戦争を何といいますか。　（　　　　　　　）

(4) (3)の戦争で日本の領土となったのはどこですか。　（　　　　　　　）

(5) (3)の戦争で日本が得た領土の一部を，返すように要求した国はどこですか。
（　　　　　　　）

台湾　朝鮮　清　ロシア　日清戦争

2 右の地図を見て，あとの問題に答えましょう。

（１つ７点）

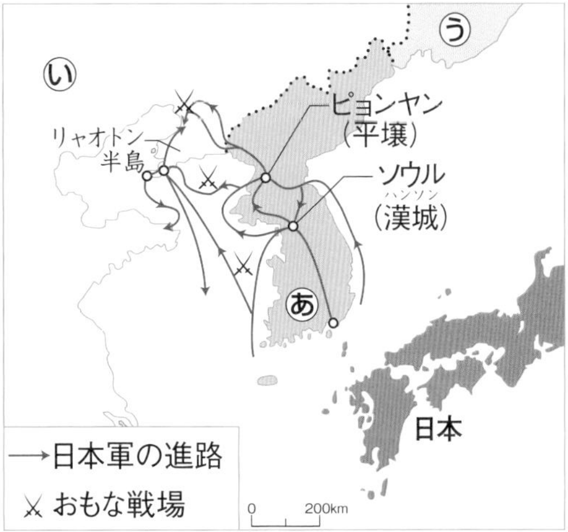

(1) 明治時代の初めに日本が不平等な条約を結ばせた相手国はどこの国ですか。地図中のあ～うから１つ選んで，記号を書きましょう。（　　）

(2) (1)の国内で起こった反乱をしずめるために援軍を送ったのは，あ～うのどの国ですか。記号を書きましょう。（　　）

(3) (2)の国と日本との間で，1894年に起きた戦争を何といいますか。（　　　　）

(4) (3)の戦争に勝った日本が得た領土を，もとの国に返すように要求したのはドイツ・フランスと，あとどの国ですか。地図中のあ～うから１つ選んで，記号を書きましょう。（　　）

(5) (3)の戦争で日本は領土のほかに何を得ましたか。　　から１つ選んで書きましょう。（　　　　）

石油　　米　　賠償金（ばいしょうきん）　　人質（ひとじち）

3 次の文章を読んで，あとの問題に答えましょう。

（１つ７点）

日本と清は，1894年に戦争を始めました。約８か月間続いた戦争は日本の勝利に終わり，日本は，（　①　）などを領土とし，さらに清から多額の賠償金を受け取りました。また，朝鮮の独立を認め（みと）させました。しかし，清への進出を考えていた（　②　）が，領土の一部を清に返すように要求したため，その武力をおそれた日本は，やむをえずこの要求に従い（したが）ました。

(1) （①），（②）にあてはまる国や地域（ちいき）の名前を，　　からそれぞれ選んで書きましょう。

①（　　　　）②（　　　　）

日本　　朝鮮　　ロシア　　台湾

(2) 下線部の戦争を何といいますか。（　　　　）

(3) 下線部の戦争が起こったきっかけについて，次の文の（　）にあてはまることばを，　　から選んで書きましょう。

〔朝鮮国内で起きた反乱に，清が援軍を出し，それに対こうして日本も（　　　　）ことから。〕

中国へ出兵した
朝鮮へ出兵した

(4) 清は，現在の何という国のことですか。（　　　　）

49 条約改正と２つの戦争②

覚えよう　日露戦争と韓国併合

日露戦争の流れ

①日清戦争後，朝鮮半島をめぐって日本とロシアが対立。日本は満州（中国の東北部）のロシア軍をせめ，日露戦争が始まる。（1904年＝明治37年）

- 戦争への反対…与謝野晶子が戦場の弟を思う詩「君死にたまふことなかれ」を発表。
- リュイシュン（旅順）の戦い…日本軍は多くの死傷者を出すが，勝利。
- 日本海海戦…東郷平八郎が指揮する艦隊がロシアの艦隊を破る。

➡日本は戦争の費用がかさみ，国民の生活が苦しくなってくる。ロシアの国内では革命が起こっていた。

▲与謝野晶子

②ポーツマス（アメリカ）で講和条約を結ぶ。（1905年）

- 日本が朝鮮半島を勢力下におくことを認める。
- 樺太（サハリン）の南部を日本の領土とする。
- 南満州の鉄道や鉱山の権利を得る。

➡賠償金を得られなかったため，国民の不満が高まった。

韓国併合

日露戦争後，日本は韓国（大韓帝国）への支配を強め，
└➡1897年，朝鮮は大韓帝国と国号を改めた。
1910年に併合した。（韓国併合）

➡日本は植民地とした朝鮮半島で，人々の土地を取りあげ，日本語の教育をおしつけた。

- 日本の支配にていこうする朝鮮の人々が独立運動を起こす。（1919年）

▲日露戦争の戦場

（地図）
中国（清）
リュイシュン（旅順）
ソウル（漢城）
韓国（大韓帝国）
ロシア
ピョンヤン（平壌）
日本海海戦
日本
→日本軍の進路
→ロシア艦隊の進路
0 200km

---

1 次の問題の答えを，　　　　から選んで書きましょう。

（1つ6点）

(1) 1904年，朝鮮半島をめぐって対立していた日本とロシアの間に起こった戦争を何といいますか。　　　　　　　　　（　　　　　）

(2) 戦場の弟を思い，「君死にたまふことなかれ」という詩を発表したのはだれですか。　　　　　　　　　（　　　　　）

(3) 東郷平八郎が率いる日本の艦隊が，ロシアの艦隊を破った戦いを何といいますか。　　　　　　　　　（　　　　　）

(4) (1)の戦争に勝った日本は，ロシアのある地域の南部を得ました。その地名を書きましょう。　　　　　　　　　（　　　　　）

樺太　　日本海海戦　　与謝野晶子　　日露戦争

この表の右には、教科書の目次を示しています。

右には、それらの内容が「小学6年生 社会にぐーんと強くなる」のどのページに出ているかをしめしています。

■は選択単元です。

2 右の地図は，1904年に日本とロシアの間で起こった戦争のようすをあらわしています。この地図を見て，あとの問題に答えましょう。 （1つ7点）

(1) 地図中の<ruby>あ<rt></rt></ruby>で行われ，多くの死傷<rt>し しょう</rt>者が出た戦いを何といいますか。　　　から1つ選んで書きましょう。　　（　　　　　　　　）

　　リュイシュンの戦い　　日本海海戦

(2) 地図中の<ruby>い<rt></rt></ruby>の戦いで，日本の艦隊を指揮<rt>し き</rt>してロシアの艦隊を破ったのはだれですか。
　　　　　　　　　　（　　　　　　　　）

(3) 日本が地図中の<ruby>う<rt></rt></ruby>の国を，1910年に植民地<rt>しょくみん ち</rt>にしたことを何といいますか。
　　　　　　　　　　　　　　　（　　　　　　　　）

(4) 戦場の弟を思う詩を発表して，戦争に反対する気持ちをあらわしたのはだれですか。
　　　　　　　　　　　　　（　　　　　　　　）

地図（右上）:
中国（清）<rt>ちゅうごく しん</rt>　ロシア　ピョンヤン（平壌）　ソウル（漢城）<rt>ハンソン</rt>　日本
→日本軍の進路
→ロシア艦隊の進路
0　　200km

3 次の文章を読んで，あとの問題に答えましょう。 （1つ8点）

> 対立が深まった日本とロシアの間で，1904年，（　①　）戦争が起こりました。日本は多くのぎせい者を出しながらも<u>Ⓐ数々の戦い</u>に勝ち進みましたが，やがて，<u>Ⓑ戦争を続けることが難しくなり</u>，1905年にアメリカのなかだちでロシアと<u>Ⓒ講和条約</u>を結びました。この戦争のあと，（　②　）への支配を強めていった日本は，1910年に人々の強い反対の中で（　②　）を併合<rt>へいごう</rt>し，植民地<rt>しょくみん ち</rt>にしました。

(1) 文中の（①）・（②）にあてはまることばを，　　　から選んで書きましょう。
　　　　　　　　　　①（　　　　　　）②（　　　　　　）
　　日清<rt>にっしん</rt>　日露<rt></rt>　韓国<rt>かんこく</rt>　中国

(2) 下線部Ⓐの戦いの1つで，東郷平八郎<rt>とうごうへいはちろう</rt>がロシアの艦隊を破った戦いを何といいますか。
　　　　　　　　　　　　　　　（　　　　　　　　）

(3) 下線部Ⓑの理由について，次の文の（　）にあてはまることばを，　　　から選んで書きましょう。
　　　　　　　　　　　　　賠償金<rt>ばいしょうきん</rt>　戦争の費用　税金
　　［（　　　　　　　　　　）がかさみ，
　　　国民の生活が苦しくなったから。］

(4) 下線部Ⓒの条約で日本が得たものを，　　　から2つ選んで書きましょう。
　　　　（　　　　　　　　）（　　　　　　　　）

　　朝鮮半島の南部　　樺太の南部　　シベリア鉄道の権利<rt>けん り</rt>　　南満州<rt>まんしゅう</rt>の鉄道の権利

50 条約改正と2つの戦争③

覚えよう　不平等条約の改正

明治政府は江戸時代に欧米諸国と結んだ不平等な条約を改正しようとした。

年	日本の近代化と条約改正への歩み	その内容・結果
1858	江戸幕府が，日本にとって不平等な条約である日米修好通商条約を結ぶ	➡同じような不平等条約を欧米5か国と結んだ ●領事裁判権（日本で外国人が罪を犯しても日本の法律で裁判を行えない）を認めた ●関税自主権（輸入品に自由に税金をかける権利）が日本には認められていなかった
1868	明治新政府が成立する	
1871	岩倉使節団を欧米に派遣する	
1883	鹿鳴館が東京につくられる ←外国に日本の西洋化を示そうとした。	
1886	ノルマントン号事件*が起こる	➡不平等条約の改正を求める国民の声が強まる
1889	大日本帝国憲法が発布される	
1894	陸奥宗光がイギリスとの条約の一部を改正し，領事裁判権が廃止される 日清戦争が起こる	*和歌山県沖で遭難したイギリス船ノルマントン号の船長は日本人の客を救出しなかったが，イギリスの裁判で軽い罰を受けただけですみ，問題になった事件。
1904	日露戦争が起こる	
1911	小村寿太郎がアメリカとの条約を改正し，関税自主権が回復する	

1 次の問題の答えを，□□□から選んで書きましょう。

（1つ6点）

(1) 1858年に江戸幕府がアメリカと結んだ不平等な条約は何ですか。

（　　　　　　）

(2) 1886年に，和歌山県沖で遭難したイギリス船の船長が，日本人の乗客を救出せず，全員が水死したという事件を何といいますか。

（　　　　　　）

(3) 1894年にイギリスとの条約の一部を改正した日本の外務大臣はだれですか。

（　　　　　　）

(4) 1911年にアメリカとの条約を改正した日本の外務大臣はだれですか。

（　　　　　　）

(5) (4)の外務大臣が，条約を改正したことによって回復した日本の権利は何ですか。

（　　　　　　）

小村寿太郎　　陸奥宗光　　関税自主権　　日米修好通商条約　　ノルマントン号事件

2 右の年表は，不平等条約の改正の流れをあらわしています。この年表を見て，あとの問題に答えましょう。

（1つ7点）

(1) 下線部Ⓐの条約は日本にとって平等な条約でしたか，不平等な条約でしたか。次の文の（ ）にあてはまることばを，書きましょう。

　日本にとって（　　　　　　　　）な条
約だった。

年	条約改正への歩み
1858	Ⓐ日米修好通商条約が結ばれる
1871	岩倉使節団が条約改正をうったえる
1883	鹿鳴館がつくられる
1886	ノルマントン号事件が起こる
1894	Ⓑ陸奥宗光が条約の一部を改正する
1911	Ⓒ小村寿太郎が条約を改正する

(2) 下線部ⒷⒸの人物が改正した条約の内容を，それぞれ書きましょう。

　　Ⓑ（　　　　　　　　　　の廃止）　Ⓒ（　　　　　　　　　　の回復）

(3) 下線部ⒷⒸの人物は，それぞれどこの国との条約を改正しましたか。国名を書きましょう。　　　　　　　　　　　Ⓑ（　　　　　　）　Ⓒ（　　　　　　）

3 次の文章を読んで，あとの問題に答えましょう。

（1つ7点）

　1886年，イギリスの船が和歌山県沖で遭難しました。イギリス人の乗組員は全員救出されましたが，船長たちは乗客を救助する義務があったにもかかわらず，日本人の乗客を救助しなかったため，全員が水死しました。Ⓐこの船長は軽い罰を受けただけでした。これを知った日本国民は，このような結果をまねいた，江戸幕府が結んだⒷ不平等条約を改正することを強く求めるようになりました。

(1) 上の文章の事件を何といいますか。　　　　　　　（　　　　　　　　　　）

(2) 下線部Ⓐのようになったのはどうしてですか。その理由について，次の文の（ ）にあてはまることばを，　　　から選んで書きましょう。

　日本で罪を犯した外国人を（　　　　　　　　）で裁くことができな
かったから。

　　日本の法律　　　外国の法律

(3) (2)のような問題を解決するため，領事裁判権の廃止を成功させた外務大臣はだれですか。　　　から1人選んで書きましょう。　　　　　　　（　　　　　　　　）

岩倉具視　　　陸奥宗光　　　小村寿太郎

(4) 下線部Ⓑを達成し，関税自主権を回復させたことで，どのようなことができるようになりましたか。次の①，②にあてはまることばを書きましょう。

　〔外国からの①（　　　　　　）に，自由に②（　　　　　　）をかけられるようになった。〕

51 産業の発展と生活の変化①

得点

100点

覚えよう　産業の発達と社会問題

産業の発達

日清・日露戦争のころから，日本の工業は大きく発展した。

● 日清戦争の少し前から

せんい工業を中心に**軽工業**が発達。特に生糸や綿糸が重要な輸出品となった。

● 日清戦争のあと

政府は，北九州に近代的な設備を持つ，八幡製鉄所(福岡県)を建設。

● 日露戦争のあと

製鉄・造船などの**重工業**も発展してくる。

▲八幡製鉄所

社会問題の発生

産業が発達するにつれて，**公害や長時間の労働**などの社会問題が発生した。

● 足尾銅山…栃木県の渡良瀬川上流に開かれた銅山。銅をつくる工場から出る有毒なけむりや廃水が原因で起こった公害で，地域の人々は大きな被害を受けた。

➡ 田中正造…栃木県の衆議院議員。被害を受けた人々を救うために，足尾銅山の操業停止を政府にうったえ続けた。

生活の変化

産業の発達にともない，人々の生活はしだいに豊かになっていった。

● 都市は急速に発達し，人口が増加していった。

➡ ガスや電気のふきゅう。ラジオ放送の開始。バスの運行開始。地下鉄の開通。

---

1 次の問題の答えを，　　　から選んで書きましょう。

（1つ7点）

(1) 日清戦争が始まる少し前，日本でさかんだった工業は何ですか。

（　　　　　）

(2) 日清戦争のあと，福岡県につくられた日本初の近代的な設備を持つ製鉄所の名前を書きましょう。

（　　　　　）

(3) 日露戦争のあとに発展した工業は何ですか。　（　　　　　）

(4) 足尾銅山の鉱毒から人々を救うため，銅山の仕事をやめるように政府にうったえ続けたのはだれですか。

（　　　　　）

軽工業　　重工業　　八幡製鉄所　　田中正造　　化学工業

2 右の写真は，八幡製鉄所のようすです。この写真を見て，あとの問題に答えましょう。

(1つ6点)

(1) 製鉄や造船などの工業を何工業といいますか。

（　　　　　　　　）

(2) (1)の工業が日本で大きく発展したのはいつごろですか。
　　　　から選んで書きましょう。　（　　　　　　　　）

日清戦争前　　日清戦争後　　日露戦争後

(3) (1)の工業が発達する前にさかんだった工業は何工業ですか。　（　　　　　　　　）

(4) (1)の工業が発達すると，公害（こうがい）などの社会問題が発生するようになりました。栃木県で深刻（しんこく）な公害が発生した銅山の名前を書きましょう。　（　　　　　　　　）

(5) 日露戦争のあと，産業が発達し，人々のくらしも変わっていきました。そのようすについて，次の文の（　）にあてはまることばを，　　　から選んで書きましょう。

〔（　　　　　　　　　）がふきゅうし，ラジオ放送が始まった。〕

テレビ　　ガスや電気　　人力車

3 次の文章を読んで，あとの問題に答えましょう。

(1つ7点)

> 日清戦争の少し前から，日本の産業はⒶせんい工業を中心に発展し，特に（　※　）や綿糸は重要な輸出品となりました。その後，北九州（きたきゅうしゅう）に製鉄所がつくられると造船や機械などのⒷ重工業が発達し，軍艦（ぐんかん）や大ほうも日本でつくられるようになりました。産業が発展するにつれⒸ人々のくらしは大きく変化しましたが，一方で長時間の労働やⒹ公害などの社会問題も発生しました。

(1) 下線部Ⓐの工業のことを，重工業に対して，何といいますか。　（　　　　　　　　）

(2) （※）にあてはまることばを書きましょう。　（　　　　　　　　）

(3) 下線部Ⓑの発展のきっかけになった，福岡県につくられた近代的な製鉄所の名前を書きましょう。　（　　　　　　　　）

(4) 下線部Ⓒの内容として正しいものを，　　　から選んで書きましょう。

（　　　　　　　　）

テレビ放送が始まった。　　ガスや電気がふきゅうした。　　工業がおとろえた。

(5) 下線部Ⓓの1つで，栃木県の銅山で発生した公害について政府にうったえ続けた衆議院議員（しゅうぎいん）の名前と，銅山の名前を書きましょう。

議員（　　　　　　　　）　銅山（　　　　　　　　）

52

産業の発展と生活の変化②

覚えよう　社会運動の高まり

1914年（大正3年）に，ヨーロッパで第一次世界大戦が起こると，日本も加わり戦勝国となる。

しかし，戦争の終わりごろ，好景気と米の買いしめにより米などの値段が急に高くなった。

● 米の値段の引き下げを求める民衆運動（米騒動）が起こる。（1918年）
● 四民平等となっても差別に苦しめられてきた人々が，全国水平社をつくり，差別をなくす運動を進めた。

民主主義の広がり

① 一部の人しか投票できない選挙の制度を改めて，だれもが選挙権を持つべきだという考えが広まる。

② 男性よりも低く見られていた女性の地位を上げるための運動が広がる。

　➡ 平塚らいてう（らいちょう）は，女性の地位を向上させ，選挙権を求めるための運動を始めた。

▲平塚らいてう（らいちょう）

③ 25才以上のすべての男子に，衆議院の選挙権を認める普通
（女性の選挙権が認められたのは1945年。）
選挙法が成立（1925年）。

　➡ 同時に，政治や社会のしくみを変えようとする運動をおさえる治安維持法も成立した。

▲関東大震災

1923年に関東地方南部で起き，大きな被害を出した地震。朝鮮人が暴動を起こすといううわさが流れ，多くの朝鮮人が殺されるという事件も起きた。

1　次の問題の答えを，　　から選んで書きましょう。

（1つ8点）

(1) 米の値段の引き下げを求めた人々が起こした，打ちこわしをともなう民衆運動を何といいますか。　　　　　　　　（　　　　　　　　）

(2) 四民平等になっても，結婚や就職などで差別された人たちが，差別をなくす運動のためにつくった団体は何ですか。　　　　　　（　　　　　　　　）

(3) 男性よりも低く見られていた女性の地位を向上させるため，運動を始めた女性はだれですか。　　　　　　　　　　　　　　　（　　　　　　　　）

(4) 25才以上のすべての男子に衆議院の選挙権を認めた法律を何といいますか。

　　　　　　　　　　　　　　　　　　　　　　（　　　　　　　　）

(5) 1923年に関東地方の南部で起こり，大きな被害を出した地震を何といいますか。

　　　　　　　　　　　　　　　　　　　　　　（　　　　　　　　）

普通選挙法　　全国水平社　　関東大震災　　米騒動　　平塚らいてう

2 右の写真は，平塚らいてう（らいちょう）です。この写真を見て，あとの問題に答えましょう。

（1つ5点）

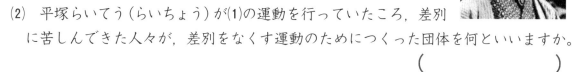

(1) 平塚らいてう（らいちょう）が行っていた運動について，次の文の（ ）にあてはまることばを，　　　から選んで書きましょう。

$$\left[\begin{array}{l}（\qquad）の地位を\\向上させるための運動。\end{array}\right]$$ 　男性　　女性　　高齢者_{こうれいしゃ}

(2) 平塚らいてう（らいちょう）が(1)の運動を行っていたころ，差別に苦しんできた人々が，差別をなくす運動のためにつくった団体を何といいますか。

（　　　　　　　　）

(3) 1925年に普通選挙法が成立しましたが，この選挙法で選挙権が認められたのは，どのような人々ですか。　　　から1つ選んで書きましょう。

（　　　　　　　　）

25才以上の男女　　25才以上の男子　　30才以上の男女

(4) 普通選挙法とほぼ同時に制定された，政治や社会のしくみを変えようとする運動をおさえるための法律を何といいますか。　（　　　　　　　　）

3 次の文章を読んで，あとの問題に答えましょう。

（1つ8点）

> 第一次世界大戦のえいきょうで日本の景気はよくなりましたが，米などの物価が上がり，人々の生活は苦しくなりました。一方で，このころから社会のさまざまな問題を改善_{かいぜん}しようという動きが活発になりました。明治_{めいじ}の初めに身分制度が改められた後も差別されてきた人々は，（ ① ）をつくり，差別をなくす運動を展開_{てんかい}し，（ ② ）（らいちょう）は，女性の地位の向上をめざす運動を進めました。さらに，人々の政治への参加を求める運動が広まり，1925年には（ ③ ）という法律が成立しました。

(1) （①）〜（③）にあてはまることばや人名を書きましょう。

①（　　　　　　　） ②（　　　　　　　）③（　　　　　　　）

(2) 下線部の結果，全国に広がった騒動を何といいますか。　（　　　　　　　）

(3) （③）の法律の内容として，次の文の（ ）にあてはまることばを，　　　から選んで書きましょう。

$$\left[\begin{array}{l}25才以上のすべての男子に，（\qquad）の\\選挙権が認められた。\end{array}\right]$$ 　　貴族院_{きぞくいん}　　参議院
　　衆議院

53 産業の発展と生活の変化③

答え➡別冊解答12ページ

得点

100点

覚えよう　世界で活やくした日本人

西洋の文化がさかんに取り入れられ，科学や文化が発達した。
→明治時代の半ばごろから，さまざまな分野で世界的に活やくする日本人が現れる。

北里柴三郎 ドイツに留学し，**破傷風**という伝染病の治りょう法を発見。世界的な伝染病の研究所を設立。	**野口英世** 北里のもとで学ぶ。へび毒の研究で注目され，アフリカのガーナで**黄熱病**の研究をした。
志賀潔 北里のもとで学び，**赤痢菌**を発見する。ドイツ留学から帰国後，赤痢の治りょう法を完成させた。	**津田梅子** 6才のときに日本で最初の女子留学生としてアメリカにわたる。帰国後，女子教育に力を注ぐ。
新渡戸稲造 第一次世界大戦後，世界の平和を守ることを目的として設立された国際連盟（本部スイス）で，事務局次長として活やくした。	**明治時代の日本の文化** 文学では，夏目漱石の「坊っちゃん」，樋口一葉の「たけくらべ」などのすぐれた作品が生まれた。音楽では，滝廉太郎が「荒城の月」などの，すぐれた曲を残した。

 1 次の問題の答えを，　　から選んで書きましょう。

（1つ6点）

(1) 第一次世界大戦後に設立された国際連盟の事務局次長として，国際平和の実現につくしたのはだれですか。（　　　　）

(2) 満6才のときに日本で最初の女子留学生としてアメリカにわたり，帰国後，女子教育に力を注いだのはだれですか。（　　　　）

(3) ドイツで破傷風という伝染病の治りょう法を発見し，帰国後，伝染病の研究所をつくったのはだれですか。（　　　　）

(4) (3)の人物のもとで学び，赤痢菌を発見。後にドイツに留学し，帰国後，赤痢の治りょう法を完成させたのはだれですか。（　　　　）

(5) (3)の人物のもとで学び，へび毒や黄熱病の研究で世界的に注目されたのはだれですか。（　　　　）

北里柴三郎　　野口英世　　志賀潔　　津田梅子　　新渡戸稲造

2 右の写真は，明治時代の半ば以降に世界で活やくした日本人です。この写真を見て，あとの問題の答えを，□□□から選んで書きましょう。　　　　　（1つ7点）

(1) 人物Ⓐは，ドイツに留学しているときに，ある伝染病の治りょう法を発見しました。この伝染病は何ですか。

（　　　　　　）

(2) 人物Ⓐのもとで医学を学んだ志賀潔が発見した細菌は何ですか。

（　　　　　　）

(3) 人物Ⓐのもとで学んだ野口英世は，アフリカで何という病気の研究をしましたか。（　　　　　　）

(4) 人物Ⓑは，第一次世界大戦後に設立された平和のための国際機関で活やくしました。この機関を何といいますか。（　　　　　　）

　　赤痢菌　　黄熱病　　破傷風　　国際連盟

3 次の文章を読んで，あとの問題に答えましょう。

（1つ7点）

> 明治時代の半ばをすぎるころ，さまざまな分野で，世界的に活やくする日本人が現れるようになりました。Ⓐ北里柴三郎は，ヨーロッパに留学し，伝染病の（　①　）の治りょう法を発見しました。また，北里のもとで医学を学んだⒷ野口英世は，へび毒の研究で世界的に認められるようになりました。その後は，アフリカのガーナで，（　②　）の研究を続けました。

(1) （①），（②）にあてはまることばを書きましょう。

　　①（　　　　　　）
　　②（　　　　　　）

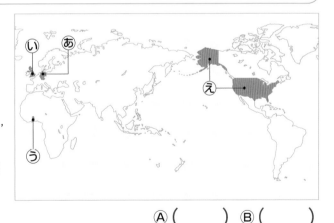

(2) 下線部Ⓐの人物が留学した国と，下線部Ⓑの人物が（②）の研究を行った国を，右の地図中のあ〜えから1つずつ選んで，記号を書きましょう。

Ⓐ（　　　）Ⓑ（　　　）

(3) 世界で活やくする人々が現れる一方で，日本の国内でも，文化の面で活やくする人が現れました。文学の分野で「坊っちゃん」などのすぐれた作品を書いた小説家はだれですか。（　　　　　　　　）

(4) 音楽の分野で活やくし，「荒城の月」などの作品を残した作曲家はだれですか。

（　　　　　　　　）

54 単元のまとめ

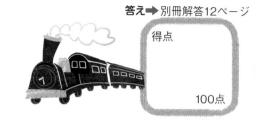

得点

100点

1 次の文章を読んで，あとの問題に答えましょう。

（1つ4点）

> ⓐ 1853年に4せきの軍艦を率いて浦賀（神奈川県）に来航し，江戸幕府に開国を要求したアメリカの軍人。
>
> ⓘ 坂本竜馬のなかだちで長州藩と薩摩藩の同盟を成立させ，江戸幕府をたおしてⒶ新しい政府をつくることをめざした武士。のちに鹿児島で西南戦争を起こす。
>
> ⓤ Ⓑ国民の自由や政治に参加する権利を求めるための運動を行い，政党を結成して党首となった土佐藩出身の政治家。
>
> ⓔ 1885年に内閣制度をつくり，Ⓒ1889年に発布された憲法を中心となってつくった長州藩出身の政治家。

(1) ⓐの文にあてはまる人物名を書きましょう。また，この人物が来航した翌年，幕府が開いた2つの港はどこですか。

　　　　　　　　人物（　　　　　　）港（　　　　　　）（　　　　　　）

(2) 1858年には，幕府は5つの港を開くことなどを定めた，貿易を開始するための条約を結びました。この条約を何といいますか。（　　　　　　　　条約）

(3) ⓘの文の人物は薩摩藩の武士で，幕府をたおす運動の中心になりました。この人物はだれですか。　　　　　　　　　　　　　　　　（　　　　　　　　　）

(4) 下線部Ⓐの政府は明治維新とよばれる政治や社会の改革を行いました。次の①，②の改革は何といいますか。あてはまることばを書きましょう。

① 藩を廃止して，全国に府や県を置いた。　　　　　（　　　　　　　　　）

② 身分制度を改めてすべての国民は平等であると認めた。（　　　　　　　　　）

(5) ⓤの文にあてはまる人物の名前と，下線部Ⓑの運動の名前をそれぞれ書きましょう。　　　　　　　　人物（　　　　　　　）運動（　　　　　運動）

(6) (5)の人物が結成した政党の名前を書きましょう。

　　　　　　　　　　　　　　　　　　　　　　　　（　　　　　　　　　）

(7) ⓔの文にあてはまる人物名を書きましょう。　（　　　　　　　　　）

(8) 下線部Ⓒの憲法を何といいますか。また，この憲法をつくるときに(7)の人物が手本とした憲法を持つ国の名前を書きましょう。

　　　　　　　　憲法（　　　　　　　）国（　　　　　　　）

(9) ⓐ〜ⓔの人物の中で，明治天皇から初代の内閣総理大臣に任命されたのはだれですか。1人選んで記号を書きましょう。　　　　　　　　　（　　　　）

2 右の年表を見て，あとの問題に答えましょう。

((7)は1つ4点，ほかは1つ3点)

(1) 年表中の(①)～(③)にあてはまることばを書きましょう。

① (　　　　　　)
② (　　　　　　)
③ (　　　　　　)

年	条約改正への歩み
1858	日米修好通商条約が結ばれる
1868	明治新政府が成立する
1871	岩倉使節団が条約改正をうったえる
1886	(①)事件が起こる
1894	Ⓐ陸奥宗光がイギリスとの条約の一部を改正する
	(②)戦争が起こる
1904	(③)戦争が起こる
1911	Ⓑ小村寿太郎がアメリカとの条約を改正する

(2) (②)の戦争は，日本と中国(清)がある国に出兵したことがきっかけで起こりました。その国とはどこですか。　　　(　　　　　　)

(3) (②)の戦争後，日本が清からゆずりうけた領土を，次のⓐ～ⓒから1つ選んで，記号を書きましょう。　ⓐ 樺太の南部　　ⓑ 台湾　　ⓒ 沖縄　　(　　　)

(4) (②)の戦争で得た賠償金の一部で，九州につくられた日本初の官営製鉄所を何といいますか。　　　(　　　　　　)

(5) (③)の戦争後，日本ではどのような工業が発展しましたか。　(　　　　工業)

(6) (③)の戦争が長引くと，日本は戦争を続けることが難しくなりました。それはなぜですか。次の文の(　)にあてはまることばを，　　　から選んで書きましょう。

〔(　　　　　　　　)がかさみ，国民の生活が苦しくなったから。〕

賠償金　　税金　　戦争の費用

(7) 下線部Ⓐ，Ⓑで改正された条約の内容をそれぞれ書きましょう。

Ⓐ (　　　　　　　　の廃止)　Ⓑ (　　　　　　の回復)

3 右の絵は，明治の初めごろの東京のようすです。この絵を見て，あとの問題に答えましょう。

(1つ6点)

(1) 明治時代になると，建物や服そう，乗り物などがそれまでと変わり，町のようすは大都市を中心に右の絵のようになっていきました。このころにおこった世の中の大きな変化を何といいますか。　(　　　　　　)

(2) (1)がおこったころ，人間の平等と学問の大切さを説いた「学問のすゝめ」という書物が出版されました。この書物をあらわした人物の名前を書きましょう。　(　　　　　　)

戦争と人々のくらし①

答え➡ 別冊解答12ページ

得点

100点

覚えよう 中国との戦争

不景気の広がり

① 1930年（昭和5年）ごろ，世界中をおそった不景気が日本にもおしよせる。
➡失業者が増え，農作物の値段は下がり，人々の生活は苦しくなる。

② 一部の軍人や政治家は，満州（中国の東北部）の豊かな資源を手に入れれば，不景気を立て直せると主張。

▲中国との戦争

中国との戦争

年	戦争に向かう日本の行動	その後のできごと
1931	南満州の鉄道の線路を爆破した日本軍が，これを中国軍のしわざとして中国に攻撃をしかける（満州事変）	➡中国との戦争が始まる。中国は国際連盟に日本の行動をうったえる
1932	中国から満州をうばい，満州国として独立させ，日本から農民を移住させる 海軍の軍人が首相を殺害（五・一五事件）	➡日本が満州の政治の実権をにぎる
1933	国際連盟が満州国を認めない決議をする	➡日本は国際連盟を脱退し，国際的に孤立
1936	陸軍の軍人が反乱を起こす（二・二六事件）	➡軍人の政治に対する発言力が強まる
1937	日本軍と中国軍がペキン（北京）郊外で衝突 日本軍が首都ナンキン（南京）を占領	➡日中戦争が始まり，戦いを中国各地に広げる ➡ナンキン事件を起こし，多くの中国人を殺害する

1 次の問題の答えを， から選んで書きましょう。

(1つ8点)

(1) 不景気を立て直すために，一部の軍人や政治家が手に入れることを主張した中国の東北部を何といいますか。（　　　　　　　）

(2) 日本軍が南満州の鉄道の線路を爆破したことをきっかけに始まった，中国への日本の攻撃を何といいますか。（　　　　　　　）

(3) ペキン（北京）郊外で日本軍と中国軍が衝突したことによって起きた戦争を何といいますか。（　　　　　　　）

(4) (3)の戦争で日本が占領した中国の首都はどこですか。（　　　　　　　）

日中戦争　　ナンキン　　満州　　満州事変

2 右の地図は，日本と中国との戦争のようすをあらわしています。この地図を見て，あとの問題に答えましょう。

(1つ8点)

(1) 日本が中国からうばい，国として独立させた地域<ruby>地域<rt>ちいき</rt></ruby>はどこですか。地図中のあ～うから１つ選んで，記号を書きましょう。　（　　）

(2) (1)を，国として認<ruby>認<rt>みと</rt></ruby>めないと決議した機関は何ですか。　　　から１つ選んで書きましょう。

（　　　　　　　　）

<ruby>国際連盟<rt>こくさいれんめい</rt></ruby>　　<ruby>内閣<rt>ないかく</rt></ruby>　　<ruby>全国水平社<rt>ぜんこくすいへいしゃ</rt></ruby>

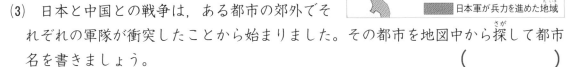

あ

い

ペキン

中国

ナンキン

ジャンハイ

日本

う

1941年12月までの戦場
日本軍が兵力を進めた<ruby>地域<rt>ちいき</rt></ruby>

(3) 日本と中国との戦争は，ある都市の郊外でそれぞれの軍隊が衝突したことから始まりました。その都市を地図中から探<ruby>探<rt>さが</rt></ruby>して都市名を書きましょう。　（　　　　　　）

(4) 1937年に，日本が占領した中国の首都を何といいますか。地図中から探して書きましょう。　（　　　　　　）

3 右の写真は，ある国を<ruby>開拓<rt>かいたく</rt></ruby>するために移住した日本の農民のすがたです。この写真を見て，あとの問題に答えましょう。

(1つ6点)

(1) この農民たちは日本が中国からうばって独立させた国に移住してきました。この国の名前と，国があった場所を書きましょう。

国の名前（　　　　　　　　）

場所（中国の　　　　　　部）

(2) 次の文は，満州事変が始まった理由を説明したものです。文中の①，②にあてはまることばを書きましょう。

<ruby>昭和<rt>しょうわ</rt></ruby>になっておちいったたいへんな①（　　　　　　　）を立て直すため，日本が満州に持っていた<ruby>権利<rt>けんり</rt></ruby>を守り，満州の豊かな②（　　　　　　　）を手に入れようとしたから。

(3) (1)の国が国際連盟に認められず，日本は国際連盟を<ruby>脱退<rt>だったい</rt></ruby>しました。これにより，日本はどのような立場になりましたか。　　　から選んで書きましょう。

（　　　　　　　　　　　　　）

イギリスとの<ruby>同盟<rt>どうめい</rt></ruby>関係が強まった。　　独立国となった。　　国際的に<ruby>孤立<rt>こりつ</rt></ruby>した。

(4) 1937年に始まった日本と中国の戦争を何といいますか。　（　　　　　　）

56 戦争と人々のくらし②

得点

100点

覚えよう　世界に広がった戦争

第二次世界大戦

①ドイツが, ポーランドにせめこむ。(1939年=昭和14年)

②同年, ドイツは, イギリス, フランスなどとも戦争になり, 第二次世界大戦が始まる。

③1941年にはドイツはソビエト連邦(ソ連)も攻撃。

④中国を支援するイギリスやアメリカに対抗して, 日本はドイツ・イタリアと同盟を結ぶ。(1940年)
→日独伊三国同盟という。

太平洋戦争

①日中戦争が長引いたために, 日本は資源を求めて東南アジアに軍隊を進める。

→アメリカ, イギリスとの対立がますます深まる。

②1941年12月8日, 日本軍はハワイの真珠湾にあるアメリカ軍基地を攻撃。太平洋戦争が始まる。

→日本は, アメリカやイギリスとも戦争を始め, 戦場は東南アジアや太平洋にまで広がった。

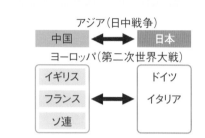

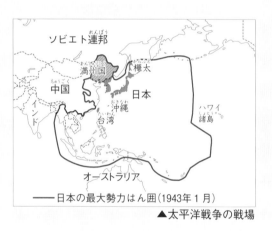

―― 日本の最大勢力はん囲(1943年1月)

▲太平洋戦争の戦場

1 次の問題の答えを, ［　　］から選んで書きましょう。

(1つ5点)

(1) ドイツがポーランドを侵略したことがきっかけで始まった戦争を何といいますか。

(　　　　　　　　)

(2) 中国とドイツのうち, アメリカが支援したのはどちらですか。

(　　　　　　　　)

(3) (2)に対抗して, 日本が同盟を結んだ国を2つ書きましょう。

(　　　　　　　)(　　　　　　　)

(4) 1941年12月8日, 日本軍が攻撃したアメリカ軍の基地があったのはどこですか。

(　　　　　　　　)

(5) 日本軍が(4)を攻撃したことがきっかけとなって, 日本は, アメリカやイギリスとも戦争を始めました。この戦争を何といいますか。

(　　　　　　　　)

イギリス　　イタリア　　ドイツ　　中国　　ハワイ　　太平洋戦争　　第二次世界大戦

2 右の図は，1939年にヨーロッパで起こった戦争の関係図です。この図を見て，あとの
問題に答えましょう。 (1つ6点)

(1) 右の図中の (①)，(②) にあてはまる国名を，
　　　　からそれぞれ選んで書きましょう。

　　　① (　　　　　　) ② (　　　　　　　)

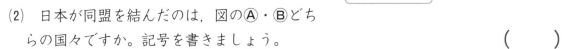

アメリカ　　イギリス　　中国　　ドイツ

(2) 日本が同盟を結んだのは，図のⒶ・Ⓑどち
　　らの国々ですか。記号を書きましょう。　　　　　　　　　　　(　　　)

(3) ヨーロッパ全体を戦場とした，Ⓐの国々とⒷの国々との大きな戦争を何といいま
　　すか。　　　　　　　　　　　　　　　　　　　　(　　　　　　　　)

(4) 太平洋戦争が起こると，アメリカはⒶ，Ⓑどちらの側に立って戦いましたか。記
　　号を書きましょう。　　　　　　　　　　　　　　　　　(　　　)

3 右の地図は，日本が起こしたある戦争の広がりを示しています。この地図を見て，あ
との問題に答えましょう。 (1つ5点)

(1) この戦争の名前を書きましょう。
　　　　　　　　(　　　　　　　)

(2) (1)の戦争は，1941年に日本軍がアメ
　　リカ軍の基地を攻撃したことで始まり
　　ました。その場所を，地図中のⓐ～ⓒ
　　から選んで，記号を書きましょう。
　　　　　　　　(　　　)

(3) この戦争で，日本が同盟を結んだ国
　　が2つあります。2つの国の名前を書
　　きましょう。
　　(　　　　　　) (　　　　　　)

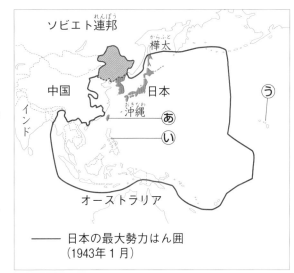

日本の最大勢力はん囲
(1943年1月)

(4) (3)の2つの国は，1940年に日本と同盟を結んだとき，どの国と戦っていましたか。
　　　　　から2つ選んで書きましょう。　　　　　(　　　　　) (　　　　　　)

アメリカ　　イギリス　　フランス　　中国

(5) この戦争が広がる前，日本はどこの国と戦争をしていましたか。地図中から国名
　　を探して書きましょう。　　　　　　　　　　　　　(　　　　　　　　)

(6) この戦争が起こったのとほぼ同じ時期に，ヨーロッパで起こっていた戦争を何と
　　いいますか。　　　　　　　　　　　　　　　　　(　　　　　　　　)

57

戦争と人々のくらし③

答え➡ 別冊解答13ページ

得点

100点

覚えよう　長引く戦争と空襲

空襲

①戦争が長引くにつれて，資源や生産力でまさるアメリカに反撃されて日本は各地で敗れるようになった。

②太平洋の島々を占領したアメリカは，飛行機で日本の都市を空から攻撃する，空襲を行った。

➡東京大空襲…1945年（昭和20年）3月10日にアメリカ軍が行った大規模な空襲。10万人以上が亡くなった。

▲焼け野原の東京

戦争中の人々のくらし

●物資の不足によって，国民のくらしは多くの面で規制された。➡ぜいたくをいましめ，節約がすすめられた。

●戦争を続けることが最優先とされたため，米などの食料は決められた量だけが配られる**配給制**になった。

●都市の小学生は，地方の農村に**集団疎開**した。
　　都市から地方へひなんして移り住むこと。←

●男性は兵士として戦場に出ていたため，**労働力不足**が深刻な問題となった。

➡中学生や女学生までもが工場で働かされる。

●中国人や朝鮮人を強制的に日本に連れてきて，厳しい労働をさせた。

➡朝鮮人に対しては，姓名を**日本名**に変えさせ，日本語を使うことを強制した。

●情報が制限され，国民は正確な情報を知ることができなかった。

年	おもなできごと
1939	賃金や物価を統制する
1941	米が配給制になる
1942	衣料が配給制になる
1943	大学生が戦場に行く
1944	中学生が働かされる
	小学生が集団疎開を始める

▲戦争中の国民のくらし

1 次の問題の答えを，　　　から選んで書きましょう。

（1つ10点）

(1) 太平洋の島々を占領したアメリカは，飛行機で日本の都市に爆弾を落とすようになりました。これを何といいますか。　　　　（　　　　　　）

(2) 1945年3月10日に，アメリカは東京に多くの爆弾を落とし，10万人以上が亡くなりました。これを何といいますか。　　　　（　　　　　　）

(3) 戦争を続けることが最優先とされたために，米などの食料は決められた量だけが配られました。この制度を何といいますか。　　　　（　　　　　　）

(4) 戦争の終わりごろには，小学生たちは戦争の被害をさけるために，安全な地域に強制的に集団でひなんさせられました。これを何といいますか。

（　　　　　　）

配給制　　空襲　　東京大空襲　　集団疎開

2 右の年表は，戦争中の人々のくらしのようすを示した年表です。この年表を見て，あとの問題に答えましょう。

(1つ10点)

(1) 下線部Ⓐについて，次の文の（　）にあてはまることばを，　　から選んで書きましょう。

　　　米などの食料は決められた量だけが
　　（　　　　　　　　　　　　　）。

　　つくられた　　配られた

年	おもなできごと
1939	賃金や物価を統制する
1941	米がⒶ配給制になる
1942	衣料が配給制になる
1943	大学生が戦場に行く
1944	中学生が働かされる
	小学生がⒷ集団疎開を始める

(2) 下線部Ⓑで，小学生は，都市と農村のどちらにひなんしましたか。
　　　　　　　　　　　　　　　　　　　　　　　（　　　　　　　　）

(3) 下線部Ⓑは，空からの攻撃をさけるために行われるようになりました。この空からの攻撃を何といいますか。　　　　　　　　　　　　　（　　　　　　　　）

3 次の文章を読んで，あとの問題に答えましょう。

(1つ6点)

　　　太平洋戦争が長引くにつれて，Ⓐアメリカの勢いは強くなっていきました。そのため，日本が戦争を続けていくために，多くの面で人々のくらしが規制されました。食料は（　※　）制になり，ぜいたくがいましめられ，国民全体が節約するようによびかけられました。また，都市では，小学生などのⒷ強制的なひなんが始まり，中学生も戦争のために働かされるようになりました。

(1) （※）にあてはまることばを，　　から1つ選んで書きましょう。
　　　　　　　　　　　　　　　　　　　　　　（　　　　　　　　）

　　配給　　受給　　疎開

(2) 下線部Ⓐの理由について，次の文の（　）にあてはまることばを，　　から選んで書きましょう。

　　　アメリカには，豊かな（　　　　　　　）と
　　　生産力があったから。　　　　　　文化　　資源　　知しき

(3) 下線部Ⓑは，空襲をさけるために行われました。このような強制的なひなんが集団で行われたことを何といいますか。　　（　　　　　　　　）

(4) 労働力の不足をおぎなうために，日本はある国・地域の人々を強制的に連れてきて働かせました。どこの人々でしたか。　　から2つ選んで書きましょう。

　　　　　　　　　　　　　　　　　（　　　　　　）（　　　　　　）

　　イギリス　　ドイツ　　イタリア　　中国　　朝鮮

答え➡ 別冊解答13ページ

58

第6章　戦争と平和への歩み

戦争と人々のくらし④

得点

100点

覚えよう　沖縄の地上戦と原子爆弾

広がる空襲と地上戦，原子爆弾

1945年（昭和20年）になると，地方都市も空襲をうけるようになり，多くの人々が亡くなった。

●沖縄では，1945年3月以降，約20万人のアメリカ軍によるはげしい攻撃をうける。

　➡住民をまきこんだ地上戦になり，県民60万人中12万人以上の人が亡くなった。

●原子爆弾（原爆）が同年8月6日に広島に，8月9日には長崎に落とされ，数万人もの人々がいっしゅんで亡くなった。

　➡この後，広島・長崎合わせて30万人以上の命がうばわれ，その後も多数の人々が後遺症に苦しんでいる。

戦争の終わり

①ヨーロッパでは，1945年5月に同盟国のドイツが降ふくし，戦争が終わっていた。

②8月にはソビエト連邦（ソ連）が太平洋戦争に加わって，満州国などにせめこんできた。

③**8月15日**，日本はついに**降ふく**し，昭和天皇がラジオで国民に伝えた。←ポツダム宣言（せんげん）を受け入れた。

　➡約15年にわたる戦争が終わり，日本による朝鮮と台湾の植民地支配が終わる。

▲原子爆弾が落とされたあとの広島

---

1 次の問題の答えを，　　から選んで書きましょう。

（1つ5点）

(1) アメリカ軍によるはげしい攻撃をうけ，住民をまきこんだ地上戦になったのはどこですか。　　　　　　　　　　　　　　　（　　　　　　）

(2) 1945年5月に，ヨーロッパでの戦争が終わったのは，何という国が降ふくしたためですか。　　　　　　　　　　　　　（　　　　　　）

(3) 原子爆弾が落とされ，多くの人々がいっしゅんで亡くなった2つの都市はどことどこですか。　　　　　　　（　　　　　　）（　　　　　　）

(4) 1945年8月に太平洋戦争に加わって，満州国にせめこんできたのは何という国ですか。　　　　　　　　　　　　　　　（　　　　　　）

(5) 昭和天皇が日本の降ふくを伝える放送をし，約15年間続いた戦争が終わったのはいつですか。その日づけを書きましょう。　（　　　　　　）

長崎　　広島　　沖縄　　8月15日　　8月6日　　ソビエト連邦　　中国　　ドイツ

2 右の写真は，ある爆弾の被害をうけた都市のようすです。この写真を見て，あとの問題に答えましょう。

（1つ7点）

(1) 右の写真の都市の名前と，落とされた爆弾の名前を書きましょう。

都市（　　　　　　　）爆弾（　　　　　　　）

(2) (1)の3日後には，別の都市の人々が同じ爆弾によって数多く亡くなりました。その都市はどこですか。　（　　　　　　　）

(3) 同じ年の3月以降，沖縄では日本でゆいいつの地上戦が行われました。この戦いについて，次の文の（　）にあてはまることばを，　　　　から選んで書きましょう。

兵士だけでなく，沖縄の（　　　　　　　）をまきこんだ，ひさんな戦いになった。

軍人　　住民　　政治家

3 次の文章を読んで，あとの問題に答えましょう。

（1つ6点）

1945年になると，（　①　）を中心とした連合国軍の攻撃がはげしくなり，日本の各地で多くの人々が亡くなりました。3月には（　①　）軍が（　②　）に上陸し，住民をまきこんだはげしい戦いが行われました。8月6日に広島，8月9日には（　③　）に原子爆弾が落とされ，多くの人がぎせいになりました。さらに，Ⓐ満州国や樺太にもせめこまれた日本は，Ⓑ降ふくし，Ⓒ約15年間続いた戦争は終わりを告げました。

(1) 文章中の（①）にあてはまる国の名前を書きましょう。　（　　　　　　　）

(2) 文章中の（②），（③）にあてはまる地名を書きましょう。

②（　　　　　　　）③（　　　　　　　）

(3) 下線部Ⓐにせめこんできた国はどこですか。　（　　　　　　　）

(4) 下線部Ⓑは何月何日のことでしたか。　（　　　　　　　）

(5) 下線部Ⓑについて，ヨーロッパで戦争を始め，日本の同盟国となり，日本より3か月早く降ふくしていた国はどこですか。　（　　　　　　　）

(6) 下線部Ⓒの戦争の終結とともに終わったことを，　　　　から選んで書きましょう。

日本による（　　　　　　　　　　　　）

朝鮮と台湾の植民地支配　　中国と満州の植民地支配

ハワイなどの太平洋の島々の植民地支配

59

答え➡ 別冊解答13ページ

平和な日本へ①

得点

100点

覚えよう　戦後の新しい改革

さまざまな改革

　戦争に敗れた日本は，アメリカを中心とした連合国軍の指示に従い，民主的な社会をつくるための改革を進めていった。
→日本，ドイツ，イタリアと戦った国。

選挙法の改正
（1945年）

満20才以上の男女に参政権が認められる。

労働組合法の制定
（1945年）

労働者の権利が保障される。

農地改革
（1946年）

ほとんどの農民が自分の農地を持てる。

教育制度の改革
（1947年）

小学校6年，中学校3年の義務教育。

日本国憲法

　1946年(昭和21年)11月3日，民主的な国にするための基本となる日本国憲法が公布され，翌年の5月3日に施行される。
→法律などを国民に知らせること。
→法の効力が発生すること。

憲法の三つの原則

①国の政治を進める主権は国民にあること。

②人が生まれながらに持っている権利を尊重すること。

③永久に戦争をしないこと。

その他の改革
- 男女平等の社会になる。
- 言論と思想の自由を認める。
- 政党が復活する。
- 軍隊を解散する。
- 政治にえいきょうをあたえていた大会社を解体する。

1 次の問題の答えを，　　　から選んで書きましょう。

（1つ6点）

(1)　戦争に敗れた日本は，民主的な世の中をつくるための改革を進めました。次の①～④の文の（　）にあてはまることばを書きましょう。

①　選挙法が改められ，（　　　　　　　）にも参政権が認められる。

②　労働組合法が制定され，（　　　　　　　）の権利が保障される。

③　（　　　　　　　）改革で，多くの農民が自分の土地を持つようになる。

④　（　　　　　　　）が改められて，義務教育が合計9年間となる。

(2)　1946年11月3日に公布された新しい憲法を何といいますか。　（　　　　　　　）

農地　　戦争　　女性　　労働者　　教育制度　　日本国憲法

2 右の写真は，日本国憲法の公布を祝う会のようすです。この写真を見て，あとの問題に答えましょう。

(1つ7点)

(1) 日本国憲法が公布されたのは西暦何年
ですか。　　　　　　（　　　　　年）

(2) 日本国憲法では，主権者はだれですか。
から選んで書きましょう。

（　　　　　　）

天皇　　首相　　国民

(3) 日本国憲法は日本をどのような国にす
るためにつくられましたか。正しいものを，　　　　から選んで書きましょう。

（　　　　　　　）

戦争に強い国　　民主的な国　　天皇中心の国

(4) 日本を(3)のような国にするための改革の1つで，労働者の権利を保障した法律を
何といいますか。　　　　　　　　　　　　（　　　　　　法）

(5) (4)の法律ができた年，ある年令以上のすべての男女に参政権が認められました。
満何才以上の男女に認められましたか。　　　　　　（満　　　才以上）

3 次の①〜③を読んで，あとの問題に答えましょう。

(1つ5点)

①国の政治を進める（　Ａ　）は国民にあること。
②人が生まれながらに持っている権利を尊重すること。
③永久に（　Ｂ　）をしないこと。

(1) ①〜③は日本国憲法の三つの原則です。この憲法が施行された年はいつですか。

（　　　　　年）

(2) （Ａ），（Ｂ）にあてはまることばを書きましょう。

Ａ（　　　　　　）Ｂ（　　　　　　）

(3) 1945年に法律が改正され，女性にも認められた，政治に参加する権利を何といい
ますか。　　　　　　　　　　　　　　　　（　　　　　　）

(4) (3)と同じ年に行われた改革で，日本の農家のほとんどが農地を持つ自作農となり
ました。この改革を何といいますか。　　　　　（　　　　改革）

(5) 日本国憲法が施行された年に，義務教育がそれまでの6年間から9年間に延長
されました。9年間の小学校と中学校の内わけを書きましょう。

小学校（　　　年間）中学校（　　　年間）

60 平和な日本へ②

得点

100点

覚えよう　国際社会への復帰

①1945年（昭和20年），国際連盟にかわり，国際連合が世界の平和を守る組織としてつくられる。
→加盟したのは，アメリカをはじめ，第二次世界大戦に勝利した連合国が中心。

②アジアの国々は，他国の支配から次々と独立する。

③1940年代の後半から，アメリカとソビエト連邦（ソ連）の対立が深まる（冷たい戦争）。
→朝鮮戦争（1950〜53年）では，アメリカが韓国を，ソ連が北朝鮮を援助した。

年	戦後の日本のあゆみ	その後のできごと
1950	北朝鮮と韓国の間で朝鮮戦争が起こる	→日本は，アメリカから多くの物資の注文を受け，経済回復のきっかけとなった
1951	アメリカで開かれた太平洋戦争の講和会議でサンフランシスコ平和条約を結ぶ	→48か国と平和条約を結ぶ。翌年，アメリカの占領から解放され，独立を回復
	同じ日に，アメリカと日米安全保障条約を結ぶ	日本の独立後もアメリカ軍は日本の基地にとどまり，沖縄はアメリカの統治下におかれる　→1972年，日本に復帰。
1956	ソ連との国交が回復する 国際連合への加盟が認められる	→国際社会に復帰する
1965	韓国との国交が回復	→日韓基本条約を結ぶ
1972	中国との国交が正常化	→日中平和友好条約を結ぶ（1978年）

1 次の問題の答えを，　　から選んで書きましょう。

（1つ6点）

(1) 1945年に，国際連盟にかわって世界の平和を守るためにつくられた組織の名前を書きましょう。　（　　　　　　）

(2) 韓国と北朝鮮の間で1950年に起こった戦争を何といいますか。（　　　　　　）

(3) 1951年にアメリカで開かれた講和会議で，日本が48か国と結んだ条約を何といいますか。　（　　　　　　）

(4) (3)の条約が結ばれた日に，日本がアメリカと結んだ条約を何といいますか。
（　　　　　　）

(5) 日本が(1)に加盟して国際社会に復帰したのは西暦何年ですか。　（　　　　　　）

(6) 1972年に日本との国交が正常化した国はどこですか。　（　　　　　　）

日米安全保障条約　　サンフランシスコ平和条約　　1956年　　朝鮮戦争　　中国　　国際連合

2 右の年表は，日本の国際社会への復帰までの歩みを示した年表です。この年表を見て，あとの問題に答えましょう。

（1つ6点）

(1) 年表中の（①），（②）にあてはまる国名を，　　　からそれぞれ選んで書きましょう。

①（　　　　　　　）②（　　　　　　　）

韓国　　アメリカ　　ドイツ

年	できごと
1950	朝鮮戦争が起こる
1951	Ⓐサンフランシスコ平和条約を結ぶ （　①　）とⒷ日米安全保障条約を結ぶ
1956	ソ連との国交が回復する
1965	（　②　）との国交が回復
1972	中国との国交が正常化

(2) 日本は，下線部Ⓐの条約を何か国と結びましたか。　　　（　　　　か国）

(3) 日本の独立が回復されたのは，下線部Ⓐ，Ⓑのどちらによってですか。（　　　）

(4) 次のⓐ・ⓘのできごとが起こった年を，年表中から選んで書きましょう。

　ⓐ　日本の経済が回復するきっかけとなった。……………………（　　　　年）

　ⓘ　日本の国際連合への加盟が認められた。……………………（　　　　年）

3 次の文章を読んで，あとの問題に答えましょう。

（1つ7点）

　第二次世界大戦が終わった年，新たに世界の平和を守るための組織である（　※　）が設立されました。太平洋戦争後，日本はアメリカを主力とする連合国軍に占領されていましたが，1951年にアメリカで開かれた講和会議で，Ⓐサンフランシスコ平和条約を結びました。1956年にはソ連との国交が回復したため，Ⓑ（　※　）への加盟が認められることになりました。

(1) 文中の（※）にあてはまることばを書きましょう。（　　　　　　　　）

(2) 下線部Ⓐの条約を結んだことで，日本はどのようになりましたか。　　　から選んで書きましょう。（　　　　　　　　　）

関税を自由にかけられるようになった。　　独立を回復した。
国際連盟への加盟が認められた。

(3) 下線部Ⓐの条約と同じ日に結ばれ，アメリカの軍隊が日本にとどまることになった条約を何といいますか。（　　　　　　　　　）

(4) 下線部Ⓑの結果，日本の立場はどうなりましたか。次の文の（　）にあてはまることばを，　　　から選んで書きましょう。

国際社会への（　　　　　　）が認められた。

復帰　　反抗　　対立　　独立

61 平和な日本へ③

得点

100点

覚えよう　国民生活の変化

経済の急速な発展

　国際社会に復帰した日本は，工業を中心に産業が急速に発展し，海外へも多くの製品を輸出するようになった。また，国民の生活はしだいに向上していった。

→特に，1950年代後半から<u>電気洗たく機</u>，<u>電気冷蔵庫</u>，<u>白黒テレビ</u>が，1970年代前半からは3C（カー，クーラー，カラーテレビ）がふきゅうした。
→三種の神器とよばれた。

● 東京オリンピック・パラリンピック（1964年，昭和39年）…アジア初のオリンピック・パラリンピック。→戦後の復興と経済の発展（高度経済成長）を世界に示した。

● 東海道新幹線，高速道路…東京オリンピックに合わせて開通した。

→東京オリンピック後も，次々と交通網が整備されていった。

● 日本万国博覧会（1970年）…戦後初の国際的な博覧会。

→「人類の進歩と調和」をテーマに大阪で開かれ，多くの国々が参加。

● 公害…工業の急速な発展で環境破壊が進み，各地に公害が発生。

世界の中の日本と今後の問題

● 領土について…日本は，北方領土，竹島，尖閣諸島は日本固有の領土であるという立場をとっている。しかし，北方領土はロシア連邦が，竹島は大韓民国が不法に占拠し，尖閣諸島は中国が自国の領土であると主張している。

● 沖縄…嘉手納，普天間，辺野古，那覇など多くの地域にアメリカ軍の基地が残されている。

→基地に使われている土地の返還や縮小など，さまざまなことが課題となっている。

● アイヌの人々・沖縄の文化を守る…先住民族であるアイヌの人々や，沖縄の琉球文化を守る活動が始まっている。

▼おもな電気製品のふきゅう率

（経済広報センター資料）

▲北方領土

1 次の問題の答えを，　　から選んで書きましょう。

（1つ10点）

(1) 1950年代後半から人々の間にとくに広まった，三種の神器といわれる電気製品は，電気洗たく機，電気冷蔵庫とあと1つは何ですか。（　　　　　　）

(2) 工業の急速な発展にともなって発生した，大気や水のよごれ，騒音，地盤沈下などの問題を何といいますか。（　　　　　　）

(3) 1964年に日本で開かれた，アジア初のスポーツの祭典を何といいますか。

（　　　　　　）

公害　　白黒テレビ　　新幹線　　東京オリンピック・パラリンピック

2 右の地図を見て，あとの問題に答えましょう。

（１つ７点）

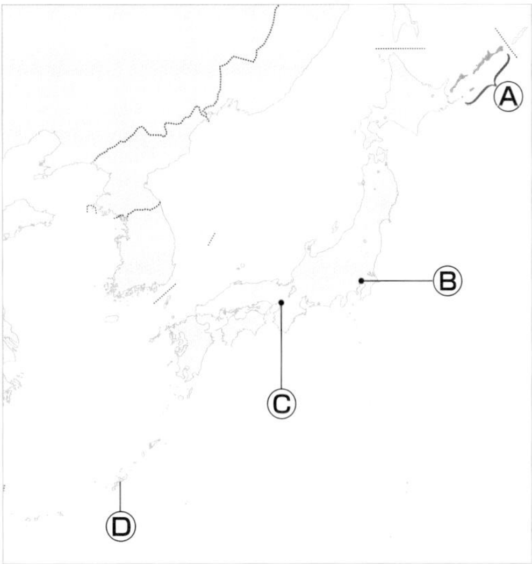

(1) 地図中のⒶの島々を不法に占拠(せんきょ)している国の名前を書きましょう。

（　　　　　　　　　　）

(2) 地図中のⒷで1964年に行われた，日本の復興と経済(けいざい)の発展を世界に示したスポーツの祭典(さいてん)を何といいますか。

（　　　　　　　　　　）

(3) 1970年，地図中のⒸで「人類の進歩と調和」をテーマに開かれた博覧会(はくらんかい)を何といいますか。（　　　　　　　　　　）

(4) 地図中のⒹには，ある国の軍隊の基地が特に多く集まっています。どこの国の基地ですか。（　　　　　　　　　　）

3 右のグラフを見て，あとの問題に答えましょう。

（１つ７点）

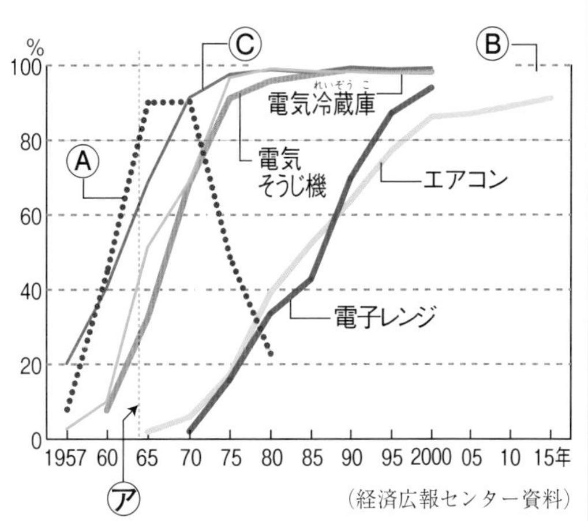

（経済広報センター資料）

(1) グラフ中のⒶ～Ⓒは，電気洗たく機，白黒テレビ，カラーテレビのふきゅう率の移り変わりを示しています。それぞれにあてはまる電気製品の名前を書きましょう。

Ⓐ（　　　　　　　　　　）

Ⓑ（　　　　　　　　　　）

Ⓒ（　　　　　　　　　　）

(2) グラフ中の㋐の年に開さいされたものを，　　　から選んで書きましょう。

（　　　　　　　　　　）

日本万国(ばんこく)博覧会　　東京オリンピック・パラリンピック

(3) (2)にそなえて，高速道路の整備が進められていきました。同じころに開通した新しい高速鉄道を何といいますか。　　　から選んで書きましょう。

（　　　　　　　　　　）

東海道(とうかいどう)新幹線　　東北(とうほく)新幹線

(4) 1960年代後半から産業や経済の復興を優先(ゆうせん)したために起こった，水や大気のよごれなどの問題を何といいますか。（　　　　　　　　　　）

62 単元のまとめ

答え➡ 別冊解答14ページ

得点

100点

1 右の年表を見て，あとの問題に答えましょう。

（1つ4点）

(1) 年表中の（①）は，南満州鉄道の線路を爆破した日本軍が，これを中国軍のしわざであるとして起こしました。あてはまることばを書きましょう。

（　　　　　　　　）

(2) 日本が下線部Ⓐのような行動をとったのはなぜですか。次の文の（　）にあてはまることばを書きましょう。

| 日本が中国からうばって独立させた（　　　　　　　）が国際連盟に認められなかったから。 |

年	できごと
1931	（①）が起こる
1932	中国の東北部に満州国ができる
1933	日本がⒶ国際連盟を脱退する
1937	（②）戦争が始まる
	日本軍がナンキンを占領
1939	Ⓑ第二次世界大戦が始まる
1941	（③）が始まる
1945	東京が大規模な空襲を受ける
（3月）	アメリカ軍が（④）に上陸する
（8月）	広島と長崎に（⑤）が落とされる
	日本がこうふくする

(3) （②）の戦争は，日本と中国の軍隊が中国のペキン郊外で衝突したことがきっかけで始まりました。（②）にあてはまることばを書きましょう。

（　　　　　　　　）

(4) 下線部Ⓑの戦争は，ドイツがポーランドにせめこんだために起こりました。これに反対し，ドイツと戦った国を，　　　から2つ選んで書きましょう。

（　　　　　　）（　　　　　　）

日本　　フランス　　イギリス　　イタリア

(5) （③）の戦争は，日本軍がある国の基地を攻撃したことから始まりました。その国の名前を書きましょう。

（　　　　　　　　）

(6) （③）の戦争が長引くと，戦争を続けることが最優先とされたために，米などは決められた量しか配られなくなりました。このような制度を何といいますか。

（　　　　制）

(7) （③）の戦争中に，空襲をさけるため，都市の小学生が地方にまとまって強制的にひなんさせられたことを何といいますか。

（　　　　　　　　）

(8) （④）にあてはまる地名を書きましょう。

（　　　　　　　　）

(9) （⑤）の爆弾は，多くの人々の命をいっしゅんでうばい，現在も後遺症で苦しんでいる人々がいます。この爆弾を何といいますか。

（　　　　爆弾）

② 右の資料は，1946年に公布された新しい憲法の三つの原則です。これを読んで，あとの問題に答えましょう。

(1つ4点)

(1) 右の資料の三つの原則がある憲法の名前を書きましょう。(　　　　　　　　　)

> 憲法の三つの原則
> ・国の政治を進める主権は（ ① ）にある
> ・人が生まれながらに持っている権利を尊重すること
> ・永久に（ ② ）をしないこと

(2) 資料中の（①），（②）にあてはまることばを書きましょう。

　①（　　　　　　）②（　　　　　　）

(3) この憲法ができる前年には，選挙法が改められました。新しい選挙法では，選挙権はどのような人たちに認められましたか。（　）にあてはまることばを書きましょう。

(満　　　　　　オ以上のすべての男女)

(4) 下線部とつながりの深いことばを，　　　　から選んで書きましょう。

(　　　　　　　　　　　)

平和主義　　天皇　　基本的人権

③ 次の文章を読んで，あとの問題に答えましょう。

(1つ5点)

> 1951年，アメリカで開かれたⒶ講和会議に出席した日本は，翌年に独立を回復し，1956年には（ ① ）への加盟が認められ，国際社会へ復帰しました。その後，Ⓑ人々の生活はしだいに向上し，1950年代後半からは，電気洗たく機，電気冷蔵庫，白黒（ ② ）などが，1970年代にはカラー（ ② ）がふきゅうしました。また，1964年にはアジア初のⒸオリンピック・パラリンピックが開かれ，日本の復興と経済発展を世界に示しました。

(1) 文章中の（①），（②）にあてはまることばを書きましょう。

①（　　　　　　　）②（　　　　　　）

(2) 下線部Ⓐの講和会議で，日本が48か国と結んだ条約を何といいますか。

(　　　　　　　　　　　)

(3) 下線部Ⓑの理由として，次の文の（　）にあてはまることばを，　　　から選んで書きましょう。

[（　　　　　　　　　　　）が発展し，　多くの製品を海外に輸出して利益を得たため。]

農業を中心に産業
工業を中心に産業

(4) 下線部Ⓒが開さいされた都市はどこですか。(　　　　　　)

(5) 下線部Ⓒの開さいに合わせて整備された高速交通機関を2つ書きましょう。

(　　　　　　)(　　　　　　)

(6) 産業の急速な発展による環境破壊が原因で，1960年代以降に日本の各地で起こった社会問題を何といいますか。(　　　　　　)

63

日本とつながりの深い国々①

得点

100点

覚えよう　アメリカ合衆国（がっしゅうこく）

アメリカは世界第3位の国土面積（日本の約25倍）を持つ広い国で，工業や農業がともにさかん。日本にとって**主要な貿易相手国**。

日本とのつながり

● **アメリカからの輸入**…機械類，**航空機類**や肉類，とうもろこし，小麦，大豆（だいず）などの**農産物**。

● アメリカへの輸出…機械類，自動車など。

人々のくらしと文化

● **多文化（民族）社会**…さまざまな国から移住した人々が多く住み，さまざまな文化が多くの分野でえいきょうをあたえている。日本人街もある。

● **大型機械による大規模農業**…小麦や大豆，とうもろこしなどを世界中に輸出。

● **食事**…ハンバーガー，ホットドッグ，ピザなどのファーストフードはアメリカから世界に広まる。

● **服そう**…ジーンズ，Tシャツはアメリカ生まれ。

● **スポーツ**…野球，バスケットボール，アメリカンフットボールなどプロスポーツがさかん。日本人など外国の選手が活やくしている。

● **文化**…映画（えいが）や音楽が世界の多くの人に親しまれている。世界文化遺産（いさん）→ニューヨークの**自由の女神**など。世界自然遺産→**グランドキャニオン**など。

● **学校**…授業では，自分の意見をはっきり伝えることや，相手の意見を尊重（そんちょう）し，おたがいの理解を深めることが大切にされている。

● アメリカからの輸入額

| 9.0兆円 | 機械類 28.1% | 航空機類 5.3 | 液化石油ガス 5.1 | 医薬品 5.1 | 4.8 | 肉類 4.7 | とうもろこし 3.8 | 科学光学機器 | その他 43.1 |

● アメリカへの輸出額

| 15.5兆円 | 機械類 36.3% | 自動車 29.2 | 自動車部品 6.0 | 航空機部品 2.4 | 科学光学機器 2.2 | その他 23.9 |

(2019/20年版「日本国勢図会」より)

▲日本とアメリカの貿易（2018年）

---

① 次の問題の答えを，　　から選んで書きましょう。

（1つ5点）

(1)　アメリカの首都はどこですか。　　　　　　　　　　　　（　　　　　　）

(2)　世界経済（けいざい）の中心地といわれる都市はどこですか。　（　　　　　　）

(3)　アメリカの国土面積は，日本の約何倍ありますか。　　　（　　　　　　）

(4)　広大な耕地を大型機械を使って行う農業を何といいますか。（　　　　　　）

(5)　さまざまな民族の人がくらす社会を何といいますか。　　（　　　　　　）

大規模農業（だいきぼ）　多文化社会　ニューヨーク　ワシントン　3倍　25倍

2 次の問題に答えましょう。 （1つ7点）

(1) アメリカには，アメリカで生まれて世界中に広まったものが数多くあります。次の①〜③にあてはまるものを，□から選んで書きましょう。

① 食事　（　　　　　　　　　　　　）
② 服そう（　　　　　　　　　　　　）
③ スポーツ（　　　　　　　　　　　）

バスケットボール，野球　　ジーンズ，Tシャツ　　ハンバーガー，ホットドック

(2) 次の文の（　）に共通してあてはまることばを書きましょう。

> アメリカの学校では，自分の（　　）をはっきり伝えることや，相手の（　　）を尊重することが大切にされています。
>
> （　　　　　　　　　　　）

(3) 地図中のロサンゼルスでは「リトルトーキョー」とよばれるような，日本人が集まって多く住んでいるまちを何といいますか。　（　　　　　　　　　　）

3 次の文章を読んで，あとの問題に答えましょう。 （1つ8点）

> アメリカは，Ⓐさまざまな民族の人たちが住んでいる国です。広大な土地と豊かな資源にめぐまれ，農業や工業がともにさかんで，Ⓑ農産物や工業製品は日本にも多く輸出されています。また，日本もアメリカにⒸ工業製品を輸出するなど重要な（※）相手国となっています。

(1) 下線部Ⓐの国のように，さまざまな民族が住む社会を，何社会といいますか。
（　　　　　　　　　　）

(2) 下線部Ⓑの農産物と工業製品の輸入額で，日本が多く輸入しているものを，それぞれ□から選んで書きましょう。　農産物（　　　　　　　）
工業製品（　　　　　　）

自動車　航空機類　米　バナナ　肉類

(3) 下線部Ⓒの工業製品の輸出額で，日本が機械類の次に多く輸出しているものを，□から選んで書きましょう。　（　　　　　　　　　）

自動車　精密機器　航空機部品

(4) 文中の（※）にあてはまることばを書きましょう。　（　　　　　　　　　）

64

日本とつながりの深い国々②

得点

100点

覚えよう　中華人民共和国（中国）

中国は世界第1位の人口（14億人以上）で，国土面積（日本の約25倍）も広い。近年，経済は急速な発展を続けている。

日本とのつながり

● 古くから交流があり，政治の制度から文化まで日本は多くのことを学んだ。

● **中国から伝わったもの**…漢字，毛筆習字，食事のはし，お茶，漢方薬，シューマイ・ギョーザ。

人々のくらしと文化

● **経済発展**…経済の中心地はシャンハイ。

● **経済特区**…外国企業が進出しやすいように，税金や貿易で優遇されている。

● **数多い民族**…漢（民）族以外に50以上の少数民族が住み，服そうやことば，習慣がちがう。

● **春節**…日本の正月に当たり，都市部では故郷に帰省する人が多い。お祝いに爆竹を鳴らす。

● **万里の長城**…中国北部にある昔の皇帝の命令で築いた城壁で，世界文化遺産に登録されている。

● **一人っ子政策**…増えすぎた人口をおさえるためにとられていた政策だが，少子化問題などにより，2016年に廃止された。

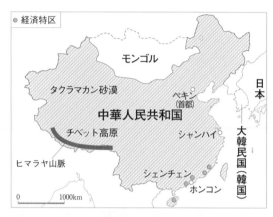

● 中国からの輸入額

| 19.2兆円 | 機械類 46.3% | 衣類 10.1 | 金属製品 3.5 | がん具 2.2 | 家具 2.4 | その他 35.5 |

● 中国への輸出額

| 15.9兆円 (2018年) | 機械類 45.8% | 自動車部品 5.5 | プラスチック 5.2 | 科学光学機器 5.2 | 有機化合物 4.9 | 自動車 4.0 | その他 29.4 |

(2019/20年版「日本国勢図会」より)

▲日本と中国の貿易

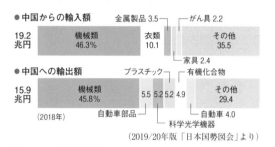

| 273.1万人 (2018年) | 中国 28.0% | 韓国 16.5 | ベトナム 12.1 | フィリピン 9.9 | ブラジル 7.4 | ネパール 3.3 | その他 22.8 |

(2019/20年版「日本国勢図会」より)

▲日本に住む外国人
└→アジアの人々が多い

1 中国について，次の問題の答えを，　　から選んで書きましょう。

（1つ6点）

(1) 首都はどこですか。　　　　　　　　　　　　　　　（　　　　　）

(2) 経済の中心となっている都市はどこですか。　　　　（　　　　　）

(3) 外国企業が進出しやすいように，税金や貿易などで優遇している地区を何といいますか。　　　　　　　　　　　　　　　　　　　　（　　　　　）

(4) 日本が機械類についで多く輸入しているものは何ですか。（　　　　　）

(5) 日本に住む外国人で，もっとも多いのはどこの国の人ですか。（　　　　　）

中国　　アメリカ　　経済特区　　衣類　　鉄鋼　　シャンハイ　　ペキン

2 次の問題に答えましょう。

（1つ7点）

(1) 日本には古くから交流のある中国から数多くのものが伝わりました。次の①，②にあてはまるものを，　　　から選んで書きましょう。

①　伝わった文化……………………………………（　　　　　　　　）

②　伝わった食べ物……………………………………（　　　　　　　　）

シューマイやギョーザ　　漢字や毛筆習字　　ピザやジーンズ

(2) 中国で，日本の正月に当たる行事を何といいますか。（　　　　　　　　）

(3) 中国には服そうやことば，習慣のちがう
50以上の民族が住んでいます。その民族の
うち，最も人口の多い民族を，何といいま
すか。　　　　　　（　　　　　　　　）

(4) 中国北部にあり，世界文化遺産<ruby>遺産<rt>いさん</rt></ruby>にも登録
されている，昔の皇帝<rt>こうてい</rt>が築いた城壁<rt>じょうへき</rt>を何と
いいますか。

（　　　　　　　　）

● 経済特区

モンゴル

タクラマカン砂漠

ペキン（首都）

中華人民共和国

チベット高原

シャンハイ

日本

大韓民国（韓国）

ヒマラヤ山脈

シェンチェン

ホンコン

0　　　1000km

3 次の文章を読んで，あとの問題に答えましょう。

（1つ7点）

　古くから文明のさかえた中国は，Ⓐ日本にたくさんのものを伝え，日本はさま
ざまなことを学びました。現在でも，Ⓑ生活習慣や文化で共通していることがた
くさんあります。
　世界一人口が多い中国では，豊富な労働力でⒸめざましい経済発展<rt>はってん</rt>をとげまし
たが，一方ではⒹ増えすぎた人口をおさえる政策<rt>せいさく</rt>がとられていました。

(1) 下線部Ⓐについて，次の①，②の答えを，　　　から選んで書きましょう。

①　米づくりや鉄器などが伝わった時代はいつですか。（　　　　　　　　）

②　漢字のほかに伝わったものは何ですか。　　　　（　　　　　　　　）

縄文時代<rt>じょうもん</rt>　　弥生時代<rt>やよい</rt>　　隋時代<rt>ずい</rt>　　お茶　　石油

(2) 下線部Ⓑで，食事のとき共通して使うものは何ですか。（　　　　　　　　）

(3) 下線部Ⓒの中心となっている都市で，東シナ海に面している都市はどこですか。
都市名を書きましょう。　　　　　　　　　　　　（　　　　　　　　）

(4) 下線部Ⓓの政策により，きょうだいがいる子どもが少なくなりました。この政策
名を書きましょう。　　　　　　　　　　　　　　（　　　　　　　　）

65

第7章 世界の中の日本

日本とつながりの深い国々③

答え➡別冊解答15ページ

得点

100点

覚えよう　大韓民国（韓国）

韓国は日本に最も近い国の1つで，昔から結びつきが強い。韓国と北朝鮮の南北統一は，多くの人が願っている。

日本とのつながり

● 渡来人…5世紀ごろから韓国や中国から日本にやってきて，大陸の進んだ技術や文化を伝えた。

● 儒教の教え…親や年上の人を敬う教え。中国の孔子が大昔に広めた教えで，日本にも4～5世紀に伝わる。

● 近年は文化交流がさかんで，韓国のドラマや音楽が日本で流行している。

人々のくらしと文化

● 食事…主食は米。はしやスプーンを使い，食器はテーブルに置いたまま食べる。

● キムチ…韓国の伝統的なからい漬物。寒い冬に体を温める効果がある保存食。

● オンドル…寒い冬のための伝統的な床暖房。

● 伝統的な服そう…たけの短い上着をチョゴリ，スカートをチマ，ズボンをパジという。

● 文字…独自の文字のハングルを使う。

● 文化…映画や音楽，本，まんがなどを通して日本文化が広まる。日本では韓国のテレビドラマや映画が人気を集めている。

● 学校…授業では英語とコンピューターが重視され，インターネットの利用がさかん。

●韓国からの輸入額

3.6兆円	機械類 27.4%	石油製品 15.3%	鉄鋼 9.5	有機化合物 5.0	プラスチック 4.5	その他 38.3

●韓国への輸出額

5.8兆円	機械類 38.5%	鉄鋼 7.9	プラスチック 5.3	有機化合物 5.3	科学光学機器 4.3	その他 38.7

(2018年)

(2019/20年版「日本国勢図会」より)

▲日本と韓国の貿易

▼チマ・チョゴリ

1 次の問題の答えを，　　　から選んで書きましょう。

（1つ6点）

(1) 朝鮮半島で，日本と交流がさかんな国はどこですか。（　　　　　）

(2) 朝鮮半島で，(1)の国の北にある国はどこですか。（　　　　　）

(3) 韓国の首都はどこですか。（　　　　　）

(4) 北朝鮮の首都はどこですか。（　　　　　）

(5) 5世紀ごろから朝鮮半島や中国から日本へやってきて，大陸の進んだ文化を伝えた人たちを，何といいますか。（　　　　　）

ピョンヤン　　ソウル　　プサン　　渡来人　　大韓民国　　朝鮮民主主義人民共和国

2 次の問題に答えましょう。

（1つ7点）

(1) 韓国のくらしについて，次の①〜③の文の（　）にあてはまるものを，　　か
ら選んで書きましょう。

① 寒い冬に体を温める効果のある（　　　　　　　　　　）は，韓国の伝統的な漬物
の代表です。

② 冬に使う，伝統的な床暖房を（　　　　　　　　）といいます。

③ 食事は，日本と同じようにはしやスプーンを使いますが，（　　　　　　　）
はテーブルに置いたまま食べます。

オンドル　　食器　　チマ　　キムチ　　保存食

(2) 韓国では，15世紀に考案された独自の文字を使っています。この文字を何といい
ますか。　　　　　　　　　　　　　　　　　　　　　（　　　　　　　）

(3) 韓国の伝統的な服そうで，女性が着るたけの短い上着を何といいますか。
　　　　　　　　　　　　　　　　　　　　　　　　　（　　　　　　　）

(4) 韓国では，親や年上の人を敬う教えがあります。これは4〜5世紀に日本にも伝
わりました。何という教えですか。　　　　　　　　　（　　　　　　　）

3 次の文章を読んで，あとの問題に答えましょう。

（1つ7点）

> 日本と韓国は最も近い国で，昔から多くの人が行き来しています。両国の間の
> Ⓐ貿易もさかんで，韓国では造船や自動車，半導体などの産業が発展しました。
> 韓国はⒷ教育にも力をいれていて，インターネットの利用がさかんです。しか
> し，韓国と北朝鮮のⒸ南北統一は重要な問題として残っています。

(1) 下線部Ⓐの貿易で，日本が最も多く輸入しているものを，　　から選んで書き
ましょう。　　　　　　　　　　　　　　　　　　　　（　　　　　　　）

自動車　　機械類　　衣類

(2) 下線部Ⓑについて，重視しているのは英語と何でしょう。　　から選んで
書きましょう。　　　　　　　　　　　　　　　　　　（　　　　　　　）

儒教の教え　　キムチづくり　　コンピューター

(3) 下線部Ⓒの南北とは，どことどこの国のことですか。それぞれ正式な国名を書き
ましょう。　　　　　　　　　　　　南（　　　　　　　　　）
　　　　　　　　　　　　　　　　　北（　　　　　　　　　）

答え➡ 別冊解答15ページ

66 日本とつながりの深い国々④

得点

100点

覚えよう サウジアラビア王国とブラジル連邦共和国

サウジアラビア

日本とのつながり

● 石油…日本の使用する約３分の１を輸入。

● サウジアラビアのある中東諸国から，日本は石油の約90％を輸入している。

人々のくらしと文化

ほとんど雨のふらない砂漠の国。

● **イスラム教**…国の宗教。１日５回，聖地メッカに向かっていのりをささげる。イスラム教の聖典であるコーランが読み上げられる。

● **イスラム教徒の義務**…１か月間日中に食べ物を口にしない。(ラマダン)
　• 一生に一度は，聖地メッカへ巡礼する。
　• 金曜日は休日。

● **服そう**…男性はトーブという白い服。女性はアバヤという黒い服にヒジャーブという布で頭や顔をおおう。

● **食事**…ホブズというパンや米が主食。羊，にわとりをよく食べる。ぶた肉は食べず，お酒は飲まない。

● **ことば**…おもにアラビア語を使う。

● **学校**…算数・英語などのほかに，コーランを学ぶ授業がある。

▲アバヤ…外出するときに女性が身につける黒い服

ブラジル

日本とのつながり

● **日系人**…1908年から日本人がブラジルに移住。現在，その人たちの子孫は約200万人（推定）になる。

● 現在では，ブラジルの日系人がたくさん日本へ働きに来ている。

人々のくらしと文化

赤道直下に位置し，**アマゾン川**が流れる。

広大な**熱帯林**，豊かな鉱物資源や農産物にめぐまれている。近年は航空機生産など科学技術の発展がめざましく，経済的にも豊かになった。

● **鉱工業**…鉄鉱石の産出が多く，日本は大量に輸入している。

● **農業**…コーヒー，さとうきび，大豆の生産量は世界有数。

● **ことば**…おもにポルトガル語を使う。

● **文化**…リオデジャネイロのカーニバルは世界的な祭り。

● **スポーツ**…サッカーがさかんで強い。日本へ来て活やくする選手も多い。

● **問題**…開発によってアマゾン川流域の熱帯林が急速に減少。

サウジアラビア
ブラジル

▼日本が石油を輸入している国

（2018年）

イラン 4.2
その他 11.2
ロシア 4.9
クウェート 7.5
カタール 7.9
サウジアラビア 38.7%
アラブ首長国連邦 25.6
19.2兆円

(2019/20年版「日本国勢図会」より)

▼日本のブラジルからの輸入

（2018年）

その他 30.8
鉄鋼 4.6
有機化合物 5.1
コーヒー 5.9
肉類 11.5
鉄鉱石 42.1%
7612億円

(2019/20年版「日本国勢図会」より)

1

次の(1)～(8)の文章は，サウジアラビアとブラジルのどちらについて説明していますか。それぞれの（　）にあてはまる国の名前を書きましょう。 （1つ5点）

(1) 豊かな鉱物資源(しげん)や農産物にめぐまれ，近年は科学技術の発展(はってん)で経済(けいざい)的にも豊かになった。おもにポルトガル語を使っている。（　　　　）

(2) 国土の大部分が砂漠(さばく)で，ほとんど雨が降(ふ)らない。（　　　　）

(3) 国の中央部に広大な熱帯林があるが，最近は開発により急激(きゅうげき)に減って来た。（　　　　）

(4) いくつもの民族が住む国で，その中には移住して来た日系人(にっけいじん)も多い。（　　　　）

(5) ぶた肉は食べず，お酒を飲むことはしない。（　　　　）

(6) 国民のほとんどが１日に５回，聖地(せいち)メッカに向かっていのりをささげる。（　　　　）

(7) サッカーのさかんな国で，日本でも多くの選手が活やくしている。（　　　　）

(8) 学校ではコーランも学び，男女別々に勉強する。（　　　　）

2

右のグラフと写真を見て，あとの問題に答えましょう。 （1つ10点）

(1) グラフ㋐は，日本がその資源のほとんどを輸入にたよっている相手国の割合(わりあい)を表したものです。その資源名を書きましょう。

（　　　　）

(2) グラフ㋑のⒶ・Ⓑにあてはまるものを，　　　から選んで書きましょう。

Ⓐ（　　　　）　Ⓑ（　　　　）

さとうきび　　コーヒー　　鉄鉱石　　石炭

▼グラフ㋐

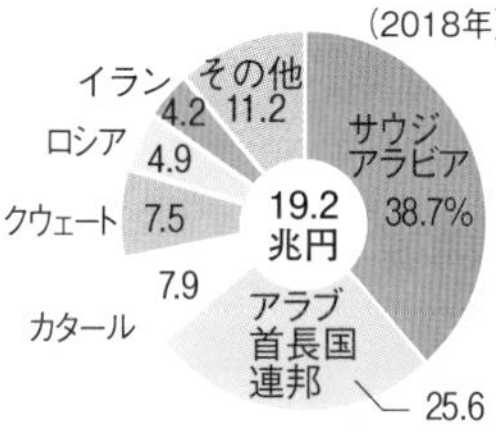

(2018年)
サウジアラビア 38.7%
アラブ首長国連邦 25.6
カタール 7.9
クウェート 7.5
ロシア 4.9
イラン 4.2
その他 11.2
19.2兆円

(2019/20年版「日本国勢図会」より)

▼グラフ㋑

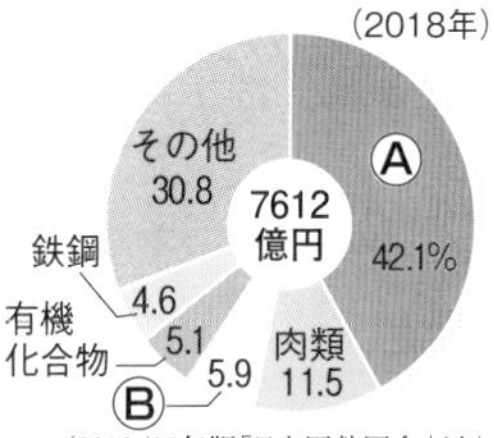

(2018年)
Ⓐ 42.1%
肉類 11.5
Ⓑ 5.9
有機化合物 5.1
鉄鋼 4.6
その他 30.8
7612億円

(2019/20年版「日本国勢図会」より)

▲日本のブラジルからの輸入

(3) [あ]は，ブラジルのお祭りのようすです。この世界的なお祭りを何といいますか。書きましょう。

（　　　　）

(4) [い]は，ある宗教(しゅうきょう)を信じる人々の女性の姿です。これらの人々が信こうしている宗教を書きましょう。

（　　　　）

(5) [い]の人々が，定められた１か月間，日中に食べ物を口にしない義務を，　　　から選んで書きましょう。

（　　　　）

アバヤ　　ラマダン　　ヒジャーブ

[あ]

[い]

67 世界の平和と日本の役割①

得点

100点

覚えよう　平和活動と国際連合

日本の平和活動

日本は国際協力として，国連をはじめ世界中で活動している。**政府開発援助（ODA）**の中の
→先進国の政府や政府機関が，直接に行う発展途上国に対する資金の提供や援助のこと。

青年海外協力隊や，**非政府組織（NGO）**も世界各地でいろいろな活動を行っている。

- **青年海外協力隊**…農林水産業，土木，教育・文化などの分野で，専門的な知識や技術を持った隊員が，発展途上国に派遣され，現地で生活しながら技術協力をする。
- **NGO（非政府組織）**…国や国連などから独立して活動する民間団体。
  →募金，寄付金，ボランティアなどにより，医療や環境などの専門分野で活動している。

国際連合（国連）

世界の平和と安全を守り，人々のくらしをよりよいものにするために，1945年に生まれた。日本は**1956年**に加盟。現在は世界のほとんどの国（2019年現在193か国）が加盟。

- **国連総会**…さまざまな問題を議論し決定を行う。
- **ユニセフ（国連児童基金）**…世界の子どもを困難な状きょうから守るために活動する国連の機関。子どもの権利条約を採択。
  →飢えや病気で苦しんでいる子どもたちに食料や薬品を送ったり，予防接種を行う。
  →活動資金の支えは民間の寄付金。

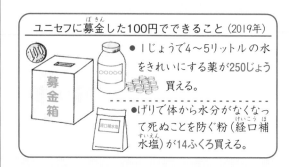

ユニセフに募金した100円でできること（2019年）
- 1じょうで4〜5リットルの水をきれいにする薬が250じょう買える。
- げりで体から水分がなくなって死ぬことを防ぐ粉（経口補水塩）が14ふくろ買える。

- **ユネスコ（国連教育科学文化機関）**…教育・科学・文化などを通じて，平和な社会をつくることを目的とした国連の機関。
  →発展途上国の教育の援助や，**世界遺産**（自然・文化・複合遺産）の登録や保存・修理なども行っている。
- **安全保障理事会**…戦争や紛争を防ぐため，国どうしの調停を結ぶ仲立ちをするなど平和を守るための活動や，**安全のい持**に取り組む活動を行う国連の機関。

---

1 次の問題に答えましょう。

（1つ6点）

(1) 政府開発援助の1つで，専門的な知識や技術を持った隊員が派遣された国でさまざまな分野で協力しています。この人たちを何といいますか。（　　　　　）

(2) 次の文にあてはまる国連の機関を，　　から選んで書きましょう。
① 世界の子どもを困難な状きょうから守る活動をする。（　　　　　）
② 教育・科学・文化などを通じて平和な社会をめざす。（　　　　　）
③ 平和のために戦争や紛争を防ぎ，安全のい持に取り組む。（　　　　　）

安全保障理事会　　ユネスコ　　ユニセフ

2 次の問題に答えましょう。

（1つ5点）

(1) 青年海外協力隊の派遣など，おもに発展途上国に国が行う支援を何といいますか。
（　　　　　　　　　）

(2) 国や国連にたよらず，募金や寄付金，ボランティアなどにより，医療や環境などの専門分野で活動している民間団体を何といいますか。（　　　　　　　　　）

(3) 日本が国際連合に加盟したのは，西暦何年ですか。（　　　　　　　　　）

(4) 2019年現在，国際連合に加盟している国はいくつですか。（　　　　　　）

(5) 国際連合の主要機関の一つで，すべての加盟国が参加し，さまざまな問題について議論や決定を行う機関を何といいますか。（　　　　　　　　　）

(6) 次の①，②の文は，国際連合の機関の活動内容です。それぞれの機関の名前をかたかなで書きましょう。

① 世界遺産の登録や保存活動を行う。（　　　　　　　　　）

② 困難な状きょうの子どもたちのための援助活動を行う。（　　　　　　　　　）

(7) 1989年，子どもの基本的人権を保障する取り決めが国際連合で採択されました。これを何といいますか。　　　から選んで書きましょう。（　　　　　　　　　）

子どもの権利条約　　世界児童基金　　青年海外協力隊

3 次の文章を読んで，あとの問題に答えましょう。

（1つ6点）

　国際連合は世界の（　㋐　）と安全を守り，人々のくらしをよくするための機関です。この機関の中には㊀戦争や紛争を防ぐための機関，㊁世界の子どもを守るために活動する機関，㊂教育や文化，科学などを通じて（　㋐　）な社会をつくることを目的とした機関などがあります。また，㊃国や国際連合から独立して活動する民間団体もあり，それぞれ（　㋐　）な社会をつくることをめざしています。

(1) 文中の㋐に共通してあてはまることばを，書きましょう。（　　　　　　　　　）

(2) 下線部㊀〜㊃の機関名と団体名を，　　　から選んで書きましょう。
㊀（　　　　　　　） ㊁（　　　　　　　）
㊂（　　　　　　　） ㊃（　　　　　　　）

ユネスコ　　ユニセフ　　安全保障理事会　　NGO　　ODA

(3) 下線部㊂の機関に登録・保存されている，貴重な自然や文化財のことを何といいますか。
（　　　　　　　　　）

68 世界の平和と日本の役割②

得点

100点

覚えよう　地球環境問題とこれから求められる世界

地球環境問題

国連を中心に，各国の政府やNGOなどが協力し，持続可能な社会の実現のため努力している。日本も経済援助や技術協力などで，環境問題に取り組んでいる。

- 地球温暖化…自動車や工場の排出ガスなど，石油や石炭の大量消費により**二酸化炭素**などの温室効果ガスが大気中に増え，気温が上がる。

  ➡氷河などの氷がとけて**海面が上がり**，低い土地が水中にしずむ。

- 熱帯林の減少…南アメリカや東南アジアを中心に，木の切りすぎや焼き畑農業で熱帯林が急激に減少。

  ➡こう水，**砂漠化**，**動植物の絶滅**の原因となる。

- 砂漠化…アフリカや西アジアを中心に，かんばつに加え家ちくの放牧のしすぎなどで砂漠化が進む。

  ➡農業ができなくなり，そのため人は住めなくなる。

- 酸性雨…車や工場から出るガスが雨にとけ，強い酸性の雨が降る。

  ➡森林の樹木をからし，湖などの魚を死滅させる。

▲伐採された熱帯林

▲砂漠化が進む地域

これから求められる世界

- **持続可能な社会**…国連が2030年までの行動計画の中心として，「**持続可能な開発目標（SDGs）**」を示した。➡「貧困をなくす」，「飢餓をゼロに」など17の目標。

- **国旗と国歌の尊重**…各国の文化・ほこりなどがこめられている。

  ➡たがいに尊重し合い，敬意をはらうことが理解を深める。

- 文化・スポーツを通じた交流も大切。➡オリンピック・パラリンピックなどを通じて交流する。

1 次の文の（　）にあてはまることばを，　　　から選んで書きましょう。

（1つ6点）

(1) 自動車や工場から出されるガスや，石油などの大量消費で大気中の二酸化炭素が増え，（　　　　　　　　　　　）がひき起こされる。

(2) かんばつに加え，家ちくの放牧のしすぎなどで（　　　　　　　　　　　）が進む。

(3) 自動車や工場から出るガスのえいきょうで，（　　　　　　　　　　）が降り，森林がかれたり，魚が死んだり，建物がいたんだりする。

(4) 木の切りすぎや焼き畑農業が（　　　　　　　　　　）につながる。

(5) 国の文化やほこりがこめられた（　　　　　　　　　　）に敬意をはらうことは大切。

　酸性雨　　熱帯林の減少　　国旗と国歌　　地球温暖化　　砂漠化

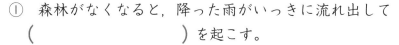

2 右の写真を見て，あとの問題に答えましょう。

（１つ７点）

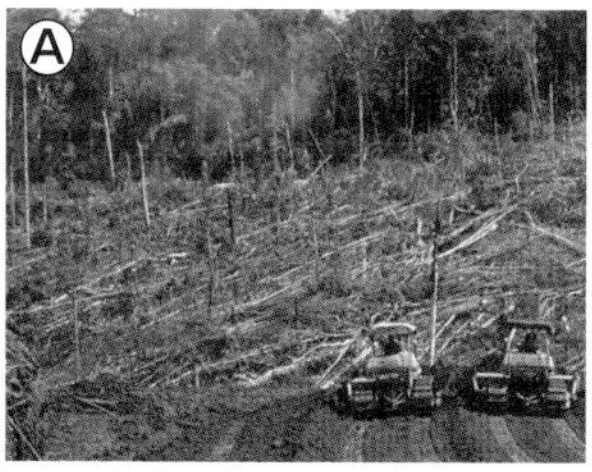

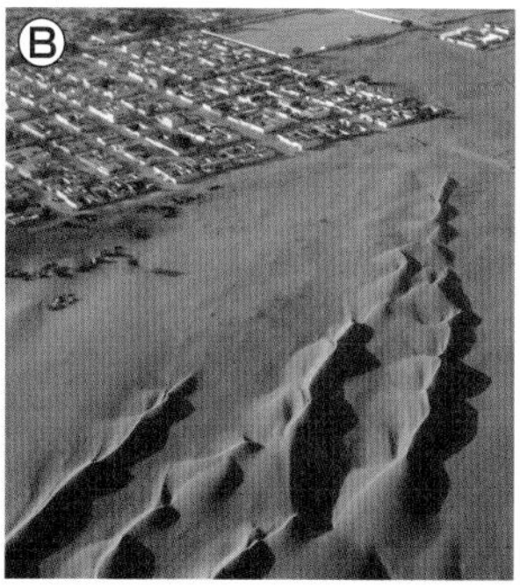

(1) Ⓐ，Ⓑの示している環境(かんきょう)問題は何ですか。それぞれ書きましょう。

Ⓐ（　　　　　　　　　　）Ⓑ（　　　　　　　　　　）

(2) Ⓐについて，次の文の（　）にあてはまることばを，　　から選んで書きましょう。

① 森林がなくなると，降った雨がいっきに流れ出して（　　　　　　　　）を起こす。

② 森林がなくなるということは，そこで生きていた（　　　　　　　　）の絶滅(ぜつめつ)をまねくことになる。

かんばつ　　動植物　　魚の死滅(しめつ)　　こう水

(3) 写真Ⓑのように植物が消えると，植物が吸収(きゅうしゅう)するはずの二酸化炭素が増えて環境問題が大きくなります。その環境問題を書きましょう。

（　　　　　　　　）

3 次の文章を読んで，あとの問題に答えましょう。

（１つ５点）

現在，世界各地で環境破壊(はかい)が深刻(しんこく)な問題になっています。木の切りすぎや焼き畑農業は（　Ⓐ　）の減少をまねき，自動車や工場から出るガスが雨にとけて降る（　Ⓑ　）は森林の樹木(じゅもく)をからします。最も大きな問題は㋐地球の温暖化で，（　Ⓒ　）ガスを増やさないことが求められています。また，2030年までの行動計画の中心として，国連によって㋑持続可能な開発目標も示されました。これは，豊かさと環境の保全を両立させるための取り組みです。

(1) 文中のⒶ～Ⓒにあてはまることばを，　　から選んで書きましょう。

Ⓐ（　　　　　　　）Ⓑ（　　　　　　　）Ⓒ（　　　　　　　）

ODA(オーディーエー)　　NGO(エヌジーオー)　　酸性雨　　温室効果　　砂漠化　　熱帯林

(2) 下線部㋐によって，どんなことが起こりますか。　　から２つ選んで書きましょう。（　　　　　　　　）（　　　　　　　　）

海面が低くなる　　海面が高くなる　　低い土地が水中にしずむ　　低い土地が高くなる

(3) 下線部㋐の原因となる温室効果ガスのうち，石油などの大量消費で増えているものは何ですか。（　　　　　　　　）

(4) 下線部㋑の名称(めいしょう)を，アルファベットで書きましょう。（　　　　　　　　）

第７章　世界の中の日本

答え➡別冊解答15ページ

69 単元のまとめ

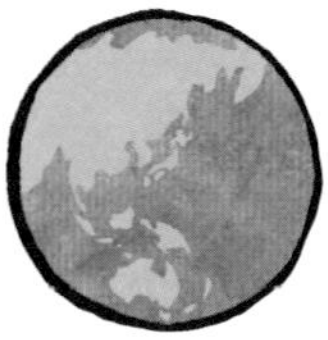

得点

100点

1

右の地図は，日本と関係の深い国の位置を示しています。この地図を見て，あとの問題に答えましょう。（１つ３点）

(1) 地図中[あ]，[え]の国から日本が多く輸入しているものを，　　から１つずつ選んで書きましょう。

[あ]（　　　　　）

[え]（　　　　　）

鉄鉱石　　石油　　農産物

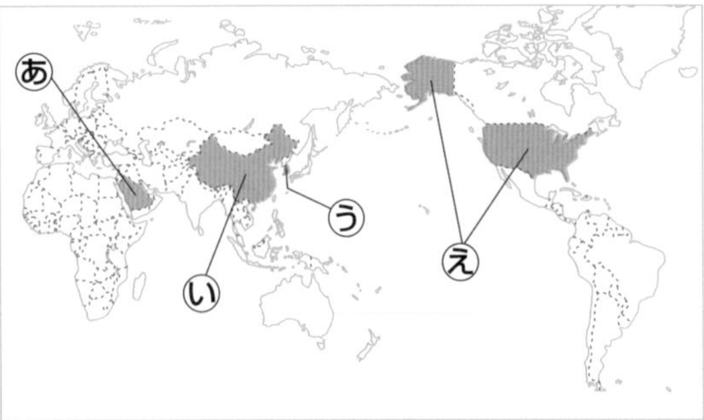

(2) 地図中の[い]，[う]の国は，日本と古くから交流がありました。２つの国の正式な名前を書きましょう。　[い]（　　　　　　　　）[う]（　　　　　　　）

(3) [あ]の国の特ちょうを，次の㋐～㋒から１つ選んで記号を書きましょう。（　　　）

㋐　国土の大半が砂漠（さばく）で雨が少ない。　　㋑　豊かな熱帯林が広がっている。

㋒　国土の大半が草原で牧ちくがさかん。

(4) [い]の国から日本に伝わり，現在でも使われている文字を何といいますか。

（　　　　　）

(5) [う]の国で大切にされている，親や目上の人をうやまう教えを何といいますか。

（　　　　　）

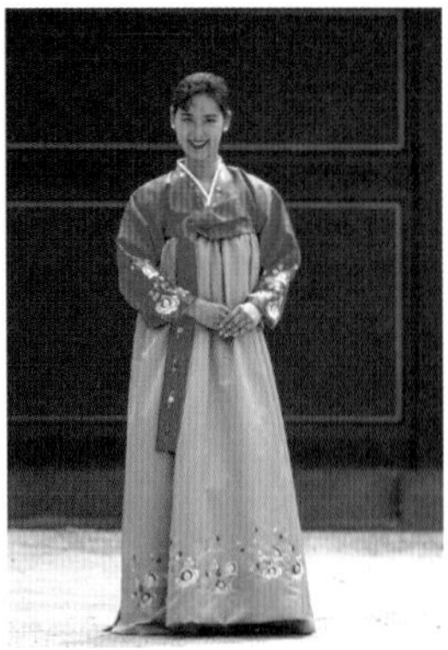

(6) [え]の国は日本の重要な貿易相手国です。[え]の国名を書きましょう。（　　　　　）

(7) 右の写真の衣装（いしょう）はどの国のものですか。地図中の[あ]～[え]から１つ選んで記号を書きましょう。また，この衣装の名前も書きましょう。

記号（　　　）衣装（　　　　　　）

(8) 次の文にあてはまる国を，地図中の[あ]～[え]から１つずつ選んで，記号を書きましょう。

①　ハンバーガー，ジーンズ，野球など，多くの文化を世界に発信している。（　　）

②　広い国土にことばや習慣が異（こと）なる50以上の民族がくらしている。（　　）

③　国民の多くがイスラム教徒である。（　　）

(9) 日本の政府開発援助（えんじょ）の１つとして行われている，専門（せんもん）的技術などを持った隊員が派遣（はけん）される国際協力活動を何といいますか。（　　　　　　）

2 次の文章を読んで，あとの問題に答えましょう。

（1つ4点）

第二次世界大戦が終わると，世界の（　①　）を守るために国際連合が設立されました。国際連合には，世界の子どもを困難な状きょうから守るために活動している（　②　）や，教育・科学・文化などを通じて平和な社会をつくることを目的とする（　③　）などの機関があります。そのほかにも，国際連合や各国の政府と協力して活動する非政府組織などがあります。

(1)　国際連合が設立されたのは西暦何年ですか。（　　　　　）

(2)　文中の（①）にあてはまることばを，［　　　］から選んで書きましょう。（　　　　　）

自由と平等　　平和と安全　　子ども

(3)　（②）の機関を何といいますか。また，この機関の活動として正しいものを，㋐～㋒から１つ選んで，記号を書きましょう。　名前（　　　　　）　活動（　　　　　）

㋐　病気で苦しんでいる子どもに薬を送る。

㋑　発展途上国の教育を援助する。　　㋒　紛争が起きた地域の安全を守る。

(4)　（③）の機関が登録を行って保護している貴重な自然遺産や文化遺産などを何といいますか。（　　　　　）

(5)　下線部の非政府組織の略称をアルファベット３文字で書きましょう。（　　　　　）

(6)　国際連合の主要機関の１つで，加盟しているすべての国々が参加し，さまざまな問題を議論し決定を行う機関を何といいますか。（　　　　　）

3 右の写真を見て，あとの問題に答えましょう。

（1つ5点）

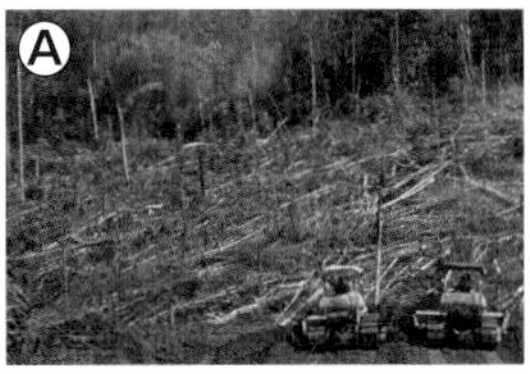

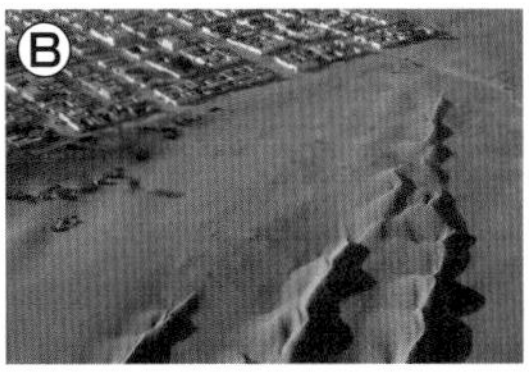

(1)　写真Ⓐ，Ⓑで起きている地球環境問題は何ですか。それぞれ書きましょう。

Ⓐ（　　　　　）

Ⓑ（　　　　　）

(2)　Ⓐ，Ⓑの環境問題が起こる原因を，次の㋐～㋒から選んで，記号を書きましょう。　Ⓐ（　　）　Ⓑ（　　）

㋐　開発のための木の切りすぎや焼き畑農業

㋑　自動車や工場から出るガスがとけて降る雨

㋒　かんばつや家ちくの放牧のしすぎ

(3)　環境問題について書かれた次の文の（　）に，あてはまることばを書きましょう。

石油や石炭の大量消費により，①（　　　　　）のある二酸化炭素などが増えると，氷河などがとけ②（　　　　　）が上がるため，低い土地は水中にしずむ。

ひろげよう 社会 フェアトレードって何だろう？

世界には，貧しい国がたくさんあります。国際貧困ライン1.90ドルを下回る生活をする人々が7億人もいるという統計があります。アフリカやアジアの発展途上国に多く見られます。

※国際貧困ライン：1日の生活に必要なものを買うことができる最低限の収入。

貿易がグローバルになると，発展途上国の産物は，不当に安く買いたたかれることがあります。それは貧富や生活環境の格差を広げることにつながってしまいます。

国連の貧困撲滅のテーマを受けて，かかげられた貿易の別の形がフェアトレードです。

> 1.9ドルって，200円くらいじゃないかな。

★フェアトレード(Fair Trade)とは

直訳すると「公正な貿易」という意味です。発展途上国の生産品や製品を適正な価格で購入することで，発展途上国の生産者・労働者の自立と生活改善・環境改善をめざす貿易のしくみです。

★フェアトレードのしくみとメリット

これまでの貿易における問題		フェアトレードで問題改善へ

生産者に正当な代金が支はらわれない  きちんと支はらう／続けて取引する 生活が安定してくる

生産者が貧しいため，子どもたちが強制的に働かされている  人をやとえる 子どもたちが学校に行ける

生産量を増やすため，農薬の大量使用による土の汚染，健康ひ害が広がる  無理のない生産／自然をいかした生産  環境・健康が改善する

フェアトレードには国際的な基準<ruby>基準<rt>きじゅん</rt></ruby>があり，それらを守っている<ruby>企業<rt>きぎょう</rt></ruby>や製品には<ruby>認証<rt>にんしょう</rt></ruby>ラベルの使用が<ruby>認<rt>みと</rt></ruby>められます。

活動を始めたヨーロッパの認証商品の市場<ruby>規模<rt>きぼ</rt></ruby>は，約9470億円（2016年）にも達しているそうです。

日本でも参加企業や・参加都市が<ruby>増<rt>ふ</rt></ruby>えていて，市場規模は約113億円あるそうです。

フェアトレードのマークのついているものを買うことは，見方によっては，国際<ruby>貢献<rt>こうけん</rt></ruby>をしているといえるのです。

もっとおいしくなる

正当な価格で取引する

<ruby>技術<rt>ぎじゅつ</rt></ruby>の向上と<ruby>収入<rt>しゅうにゅう</rt></ruby>の安定

設備にお金をかけられる

生産が安定する

日本でも参加企業が増えているそうだよ。認証ラベルを使っている製品を，スーパーなどで探してみよう。

考えてみよう

● フェアトレードマークのついた商品で，買ったり，食べたりしたことがあるものがあれば書きましょう。いくつでもかまいません。おうちの人にも聞いてみましょう。

コーヒー，紅茶，バナナ，ドライフルーツ，カシューナッツなどが対象になっていることが多いようです。答えは，「○○産の△△」のように書きましょう。

※書き方の例は別冊解答の16ページ

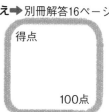

答え➡別冊解答16ページ

70 6年生のまとめ①

得点

100点

1 右の図は，国民主権(しゅけん)のあらわれについてのおもな例を示しています。この図を見て，あとの問題に答えましょう。

（1つ5点）

(1) Ⓐの議員は，どのような方法で選ばれますか。 （　　　）

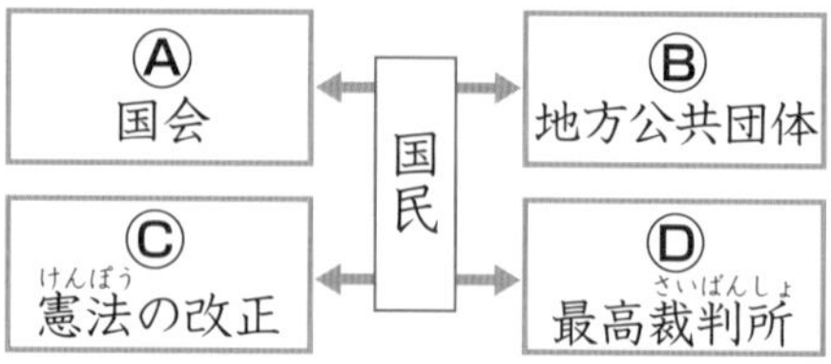
Ⓐ
国会
Ⓑ
地方公共団体
国民
Ⓒ
憲法(けんぽう)の改正
Ⓓ
最高裁判所(さいばんしょ)

(2) 満18才以上のすべての国民はⒶの議員を選ぶ権利(けんり)を持っています。この権利を何といいますか。 （　　　）

(3) Ⓑなどが住民のために税金を使って建てる施設(しせつ)を何といいますか。 （　　　）

(4) 国民がⒷに納(おさ)める税金を，次の㋐～㋒から１つ選んで，記号を書きましょう。

㋐ 住民税　㋑ 消費税　㋒ 所得税 （　　　）

(5) Ⓒを行うときは国民の投票による承認(しょうにん)が必要です。この国民の意思を投票によって直接反映(はんえい)させる制度を何といいますか。 （　　　）

(6) Ⓓを頂点(ちょうてん)とする裁判(さいばん)のしくみでは，憲法(けんぽう)と何にもとづいて問題の解決をはかりますか。 （　　　）

(7) 国民主権は日本国憲法の三つの原則の１つです。あとの二つの原則は何ですか。

（　　　）（　　　）

2 次の資料を見て，あとの問題に答えましょう。

（1つ5点）

Ⓐ
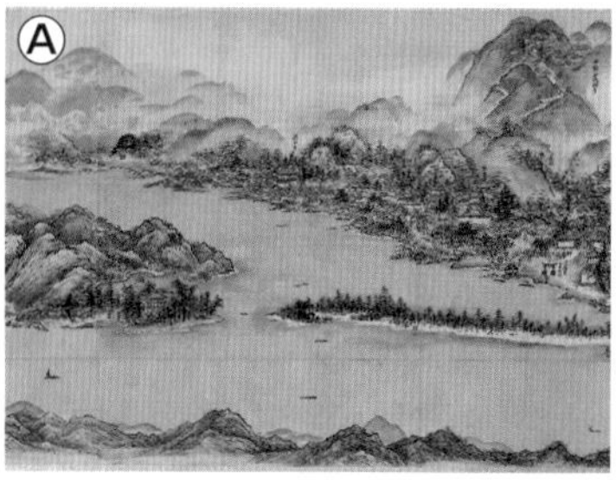

Ⓑ
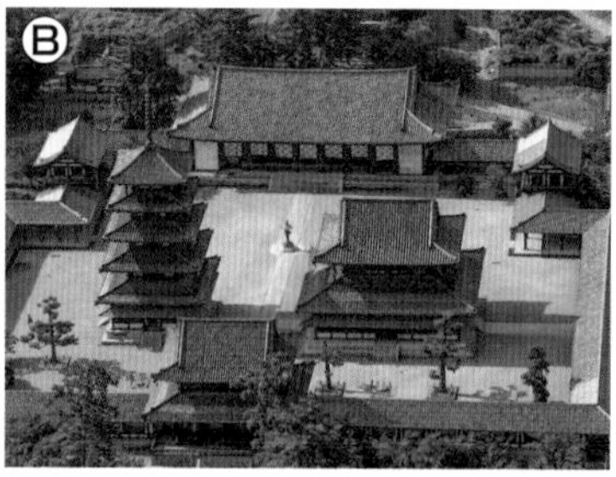

Ⓒ
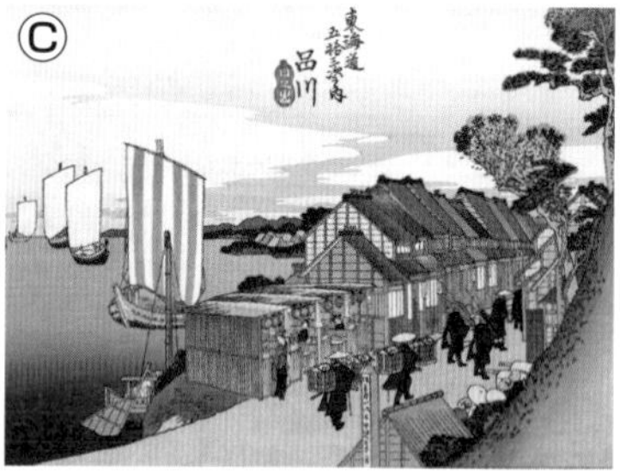

(1) 室町(むろまち)時代につくられたⒶのような絵を何といいますか。 （　　　）

(2) 聖徳太子(しょうとくたいし)が建てたⒷの寺を何といいますか。 （　　　）

(3) Ⓒは，江戸時代の人々や世の中のようすがえがかれている絵で，色刷りの版画として売り出されました。このような絵を何といいますか。 （　　　）

(4) Ⓐ～Ⓒとかかわりの深いことがらを，次の㋐～㋕からそれぞれ２つずつ選んで，記号を書きましょう。 Ⓐ（　　　）Ⓑ（　　　）Ⓒ（　　　）

㋐歌川広重(うたがわひろしげ)　㋑雪舟(せっしゅう)　㋒冠位(かんい)十二階　㋓書院造(しょいんづくり)　㋔遣隋使(けんずいし)　㋕東海道五十三次(とうかいどうごじゅうさんつぎ)

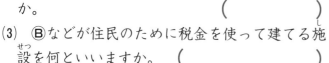

3 右の年表と地図を見て，あとの問題に答えましょう。

(1) 年表中の（①）は政治を行う役人の心がまえを示したものです。これを何といいますか。
（　　　　　　　　）

(2) 下線部Ⓐで新しく行われた制度を次のⒶ～Ⓔから1つ選んで，記号を書きましょう。（　　　）
　　Ⓐ　学制　　Ⓘ　国分寺の建設
　　Ⓤ　公地公民　　Ⓔ　冠位十二階

(3) 下線部Ⓑをつくる命令を出した天皇はだれですか。（　　　　　　　）

(4) （②）にあてはまる都の名前を書きましょう。（　　　　　　　）

(5) （③）の人物は，自分のむすめを次々と天皇のきさきにして大きな権力を持ちました。この人物の名前を書きましょう。
（　　　　　　　　）

(6) 下線部Ⓒの人物が開いた幕府では，将軍と御家人が土地をなかだちにして強く結びついていました。この関係を何といいますか。
（　　　　　　　　）

年	できごと
604	聖徳太子が（　①　）を定める
645	Ⓐ大化の改新が行われる
752	Ⓑ東大寺の大仏が完成する
794	京都の（　②　）に都が移される
1016	（　③　）が摂政になる
1192	Ⓒ源頼朝が征夷大将軍になる
1274	Ⓓ元の大軍が九州北部にせめてくる
1338	Ⓔ足利尊氏が征夷大将軍になる
1573	（　④　）が室町幕府をほろぼす
1590	Ⓕ豊臣秀吉が全国を統一する
1603	Ⓖ徳川家康が征夷大将軍になる
1635	徳川家光が（　⑤　）の制度を定める
1641	鎖国が完成する

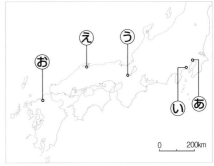

(7) 下線部Ⓓの大軍がせめてきた場所を，地図中のあ～おから1つ選んで，記号を書きましょう。　（　　　）

(8) 下線部Ⓔの人物が開いた幕府の3代将軍で，中国（明）と貿易を行った人物の名前を書きましょう。（　　　　　　　）

(9) （④）にあてはまる人物名を書きましょう。（　　　　　　　）

(10) 下線部Ⓕの人物は，年貢を確実に取り立てるために田畑の広さや土地のよしあしを調べました。これを何といいますか。（　　　　　　　）

(11) 下線部Ⓖの人物が，全国支配を確かなものにした戦いを何といいますか。
（　　　　　　　）

(12) （⑤）は，大名に江戸と領地とで1年おきに住まわせた制度です。これを何といいますか。（　　　　　　　）

(13) 下線部Ⓒ，Ⓔ，Ⓖの人物が開いた幕府があった場所を，地図中のあ～おから1つずつ選んで，記号を書きましょう。　Ⓒ（　　　）Ⓔ（　　　）Ⓖ（　　　）

答え➡別冊解答16ページ

得点

100点

71 6年生のまとめ②

1 右の図は，国会で法律ができるまでの流れを示しています。この図を見て，あとの問題に答えましょう。

（１つ５点）

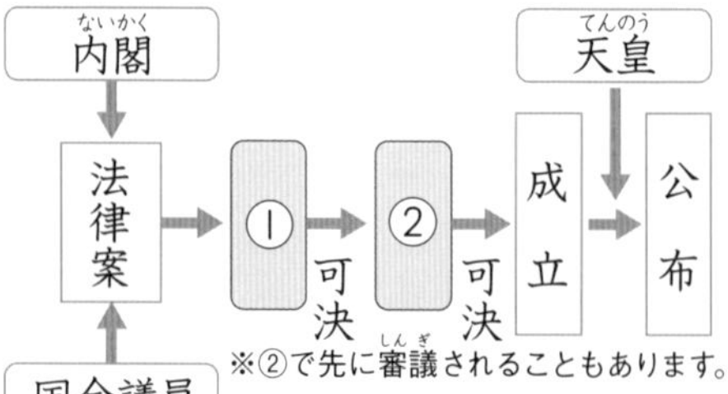

※②で先に審議されることもあります。

(1)　①と②は国会を構成する２つの議院です。それぞれの名前を書きましょう。

①（　　　　　　）②（　　　　　　）

(2)　国会で法律案を議決するとき，どのような方法が取られますか。（　　　　　　）

(3)　内閣は法律案をつくり，国会に提出します。このほかに内閣がつくって国会に提出するものを，次の㋐～㋒から１つ選んで，記号を書きましょう。（　　）

㋐　計画案　　㋑　予算案　　㋒　改正案

(4)　内閣の最高責任者を何といいますか。（　　　　　　）

(5)　次の㋐～㋒を，それぞれ国会と内閣の仕事に分類して，記号を書きましょう。

国会（　　）（　　）内閣（　　）

㋐　外国と条約を結ぶ　　㋑　裁判官を裁判する　　㋒　内閣総理大臣を選ぶ

(6)　国会議員はどのような方法で国民から選ばれますか。（　　　　　　）

(7)　日本国憲法の三つの原則のうち，「日本の政治の進め方は国民が決める。」ということを示すことばをかきましょう。（　　　　　　）

2 右の地図を見て，あとの問題に答えましょう。

（１つ３点）

(1)　地図中の[あ]～[え]の国の名前をそれぞれ書きましょう。

[あ]（　　　　　　）
[い]（　　　　　　）
[う]（　　　　　　）
[え]（　　　　　　）

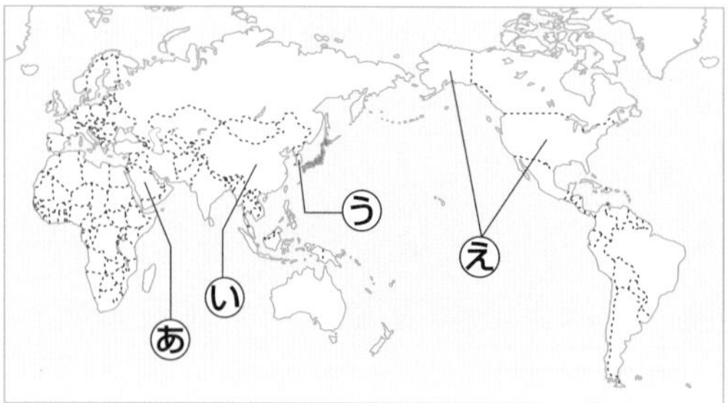

(2)　次の㋐～㋓の文にあてはまる国を，地図中の[あ]～[え]から１つずつ選んで，記号を書きましょう。　㋐（　　）㋑（　　）㋒（　　）㋓（　　）

㋐　世界各地から移住してきた人々がともにくらす国で，日本の重要な貿易相手国。

㋑　国土の大部分が砂漠地帯で，国民のほとんどはイスラム教を信こうしている。

㋒　日本に最も近い国で，目上の人や先祖を敬う儒教の教えが大切にされている。

㋓　古くから日本と交流があり，ことばや習慣が異なる多くの民族が生活している。

❸ 年代順に並んだ次のあ〜おを読んで，あとの問題に答えましょう。

（1つ2点）

> あ　1868年，薩摩藩や長州藩の武士を中心につくられた新しい政府は，明治天皇の名で新しい政治の方針を発表し，Ⓐさまざまな改革を進めました。
>
> い　板垣退助らは，Ⓑ国会を開設して国民の意見を広く聞き入れて政治を行うことを主張し，これを広める運動につとめました。
>
> う　中国東北部や朝鮮半島をめぐり対立していたⒸロシアとの戦争に勝利した日本は，1910年に韓国を植民地としました。
>
> え　Ⓓ中国東北部を独立させた日本は国際的に孤立していき，日中戦争やⒺ太平洋戦争を起こして，中国，東南アジア，太平洋に軍隊を進めていきました。
>
> お　太平洋戦争に負けた日本は，新しい憲法を制定して民主的な国づくりのための改革を進め，1956年にはⒻ国際社会への復帰を果たしました。

(1) 下線部Ⓐの改革の1つで，それまであった藩を廃止し，新たに県を置いたことを何といいますか。　　　　　　　（　　　　　　　　　）

(2) 下線部Ⓐでは，欧米に負けない強い国をつくることも重視されました。次の㋐〜㋓のうち，これにあてはまらないものを1つ選んで，記号を書きましょう。　（　　　　）
　㋐ 地租改正　　㋑ 農地改革　　㋒ 徴兵令　　㋓ 官営工場の設立

(3) 下線部Ⓑのような運動を何といいますか。　　　　（　　　　　　　　　）

(4) 第1回帝国議会の前年に発布された憲法を何といいますか。また，この憲法では主権はだれにあるとされましたか。　　憲法（　　　　　　　　）　主権（　　　　　）

(5) 下線部Ⓒの戦争を何といいますか。　　　　　　　（　　　　　　　　　）

(6) 下線部Ⓒの戦争後，不平等な条約を改正した日本の外務大臣はだれですか。また，このとき認められた輸入品に自由に関税をかける権利のことを何といいますか。
　　　　　　　外務大臣（　　　　　　　　　）権利（　　　　　　　　　）

(7) 下線部Ⓒの戦争後，日本は重工業が発展しました。これを支えた日本初の官営の製鉄所を何といいますか。　　　　　　　　（　　　　　　　　　）

(8) 下線部Ⓓについて，日本が独立させた国を何といいますか。（　　　　　　）

(9) 下線部Ⓔの戦争が長引くと，日本では米などの食料が決められた量だけ配られるようになりました。これを何といいますか。　（　　　　　　　制）

(10) 下線部Ⓕが認められるきっかけとして，次の文の（　）にあてはまることばを書きましょう。
　　〔（　　　　　　　　　　　）へ加盟した。〕

(11) 上の文のあ〜おのあいだに以下の文が入ります。どの文のあいだに入るか記号を書きましょう。　　　　　　　（　　　と　　　のあいだ）
　　〔25才以上のすべての男子に，衆議院の選挙権を認める法律が成立した。〕

基礎力をつけるには くもんの小学ドリルが強いみかた!!

スモールステップで、らくらく力がついていく!!

算数

計算シリーズ(全13巻)

① 1年生たしざん
② 1年生ひきざん
③ 2年生たし算
④ 2年生ひき算
⑤ 2年生かけ算(九九)
⑥ 3年生たし算・ひき算
⑦ 3年生かけ算
⑧ 3年生わり算
⑨ 4年生わり算
⑩ 4年生分数・小数
⑪ 5年生分数
⑫ 5年生小数
⑬ 6年生分数

数・量・図形シリーズ(学年別全6巻)

文章題シリーズ(学年別全6巻)

プログラミング

① 1・2年生　② 3・4年生　③ 5・6年生

学力チェックテスト

算数(学年別全6巻)

国語(学年別全6巻)

英語(5年生・6年生 全2巻)

国語

1年生ひらがな

1年生カタカナ

漢字シリーズ(学年別全6巻)

言葉と文のきまりシリーズ(学年別全6巻)

文章の読解シリーズ(学年別全6巻)

書き方(書写)シリーズ(全4巻)

① 1年生ひらがな・カタカナのかきかた
② 1年生かん字のかきかた
③ 2年生かん字の書き方
④ 3年生漢字の書き方

英語

3・4年生はじめてのアルファベット ローマ字学習つき

3・4年生はじめてのあいさつと会話

5年生英語の文

6年生英語の文

くもんの社会集中学習　小学6年生 社会にぐーんと強くなる

2020年 2 月　第 1 版第 1 刷発行
2024年 4 月　第 1 版第 9 刷発行

●印刷・製本　共同印刷株式会社
●カバーデザイン　辻中浩一+小池万友美(ウフ)
●カバーイラスト　亀山鶴子
●本文デザイン・DTP　(有)ワイワイ・デザインスタジオ
●本文イラスト　山下直子(waiwai design sutudio), (有)熊アート，みながわ　こう
●編集協力　株式会社カルチャー・プロ

●発行人　志村直人
●発行所　株式会社くもん出版
〒141-8488
東京都品川区東五反田2-10-2
東五反田スクエア11F
電話　編集直通　03(6836)0317
　　　営業直通　03(6836)0305
　　　代表　03(6836)0301

© 2020 KUMON PUBLISHING CO.,Ltd　Printed in Japan

ISBN 978-4-7743-2896-6

落丁・乱丁はおとりかえいたします。
本書を無断で複写・複製・転載・翻訳することは、法律で認められた場合を除き禁じられています。
購入者以外の第三者による本書のいかなる電子複製も一切認められていませんのでご注意ください。

CD 57220

くもん出版ホームページアドレス　https://www.kumonshuppan.com/

※本書は『社会集中学習 小学6年生』を改題し，新しい内容を加えて編集しました。